O

数学学习没有捷径

风云老师 著

湖南科学技术出版社·长沙

图书在版编目（CIP）数据

数学学习没有捷径 / 风云老师著 . — 长沙：湖南科学技术出版社，2024.8（2025.1重印）
ISBN 978-7-5710-2853-4

Ⅰ.①数… Ⅱ.①风… Ⅲ.①数学课—中小学—教学参考资料 Ⅳ.① G634.603

中国国家版本馆 CIP 数据核字〔2024〕第 083575 号

SHUXUE XUEXI MEIYOU JIEJING
数学学习没有捷径

著者
风云老师

出版人
潘晓山

策划编辑
李蓓

营销编辑
周洋

责任编辑
吴诗　李蓓

出版发行
湖南科学技术出版社

社址
长沙市芙蓉中路 416 号泊富国际金融中心 40 楼

网址
http://www.hnstp.com
湖南科学技术出版社
天猫旗舰店网址
http://hnkjcbs.tmall.com

印刷
湖南省众鑫印务有限公司

厂址
长沙县榔梨街道梨江大道20号

邮编
410100

版次
2024 年 8 月第 1 版

印次
2025 年 1 月第 2 次印刷

开本
710mm ×1000mm　1/16

印张
16.25

字数
238 千字

书号
ISBN 978-7-5710-2853-4

定价
108.00 元

前 言 / Preface

这本书是《中小学数学要义》的姊妹篇。如果说《中小学数学要义》是讲初等数学的核心知识体系的话，那么这本书就是专门讲数学学习方法。本书的对象是中小学数学老师、家长、学生，以及所有打算系统地学习数学这门学科的数学爱好者。

为什么我要专门写一本关于数学学习方法的书呢？

因为相比语文、历史、政治、英语、物理、化学等其他学科，公众对数学的了解是最少的，误解也是最深的。绝大多数人对数学的了解，仅仅停留在加减乘除计算的阶段，绝大多数人都以为学数学无非就是做题，数学培优无非就是奥数，而这本书将会告诉你，真相根本不是如此！

正是因为公众对数学的无知，在数学教培市场中，在图书出版市场中，在网络自媒体中，才会有许多人兜售各种关于数学学习的灵丹妙药，比如"得计算者得天下""数学思维导图""八大数学思维""十大数学思维""背一百以内平方表提分""学而思秘籍""高思导引""新加坡数学""印度数学""奥数培优"……

在这本书中，我将会花费大量篇幅，揭示数学学习的真相。

两千多年前，古希腊的托勒密王曾问数学家欧几里得，几何学习有没有什么捷径。欧几里得的回答是：

"几何学无王者之道！"

即使到了今天，数学学习也仍然没有什么捷径，更没有什么秘籍和诀窍。在书中，我会给出大量关于数学学习方法的建议，但是没有哪条建议会有神奇、速成的效果，每一条建议都需要一个细水长流、日积月累的过程。

本书总共有二十二章，每一章都是围绕一个数学学习的相关话题展开论述。我们已经尽量按照数学学习的先后顺序来编排这二十二章内容。但读者看过目录之后可能会有一种散乱的感觉，因为我们并没有按照小学，初中，高中的学段划分章节。实际上，本书中的绝大部分话题都不是限制在某一学段讨论，而是放在整个中小学数学学习(甚至会包括后期的高等数学学习)的整体框架中讨论，这正是本书第九章所讲的数学学习大局观的体现。

在整本书中，我会不停地强调两点：

第一，数学是一门高度抽象化的学科，而数学学习的道路又非常漫长，所以数学学习不能依靠机械式的训练，不能依靠外来的因素，而是要依靠非常内在的动力，比如对数学的兴趣，对数学新知识的向往和好奇心。这才是数学学习的正信和正念。

第二，数学是一门非常系统化的学科，数学学科虽然非常庞大，但其核心知识体系是非常清晰的，数学学习的正道就是要牢牢把握数学的核心知识体系，而这正是体现在学校数学教材之中。所以在本书中我会多次强调数学学习要立足于学校数学教材。至于已经出版的《中小学数学要义》一书，也只是作为学校数学教材的内容解读和补充。

数学学习是一条非常漫长的道路，甚至会贯穿人的一生。这本书的一大目的，就是希望广大数学学习者能尽早树立数学学习的正信和正念，尽快踏上数学学习的正道。

目 录 / Contents

● **第一章　最好的数学启蒙就是一个字**

● **第二章　学珠心算、学围棋对数学学习有没有帮助？**

第一节　什么是珠心算？　　　　　　　　　　　　　　　9

第二节　揭开心算的神秘面纱　　　　　　　　　　　　10

第三节　心算能力和数学有关系吗？　　　　　　　　　11

第四节　有没有必要学珠心算？　　　　　　　　　　　12

第五节　学围棋对数学学习有帮助吗？　　　　　　　　13

● **第三章　如何看待小学的加减乘除计算训练？**

第一节　在小学数学中，加减乘除计算训练占多少比重？　18

第二节　加减乘除计算训练有没有必要做，该做到什么程度？　19

第三节　加减乘除计算训练真的可以锻炼"数感"吗？　20

第四节　为什么许多小学数学老师会要求学生课后大量训练计算？　21

第五节　有没有必要练口算？　　　　　　　　　　　　22

第六节　有没有必要学一些速算巧算技巧？　　　　　　23

第七节　小学阶段，计算粗心马虎的问题怎么解决？　　26

第八节　小学和中学的计算有什么区别？　　　　　　　27

第九节　中高考会出现复杂的竖式计算吗？　　　　　　30

● 第四章　数学学习中的记忆和背诵

第一节　大量的记忆和背诵能增强数感?　　　　　35
第二节　数学中几乎没有需要专门记忆背诵的　　37
第三节　要不要背诵九九乘法口诀表?　　　　　　40

● 第五章　背100以内数的平方表能提分?——数
　　　　　学学习没有灵丹妙药

第一节　背平方表真能速算两位数乘两位数吗?　　46
第二节　背100以内数的平方表,究竟是提分还是丢分?　　48
第三节　数学学习没有灵丹妙药　　　　　　　　49

● 第六章　数学知识——充分理解还是直接记住
　　　　　会做题就好?

第一节　为什么负负得正?　　　　　　　　　　53
第二节　思考、理解才是数学学习的正道　　　　55

● 第七章　有没有必要学小学奥数?

第一节　小学奥数的前世今生　　　　　　　　　59
第二节　小学奥数的内容　　　　　　　　　　　60
第三节　谈谈小学奥数中的应用题　　　　　　　61
第四节　不学小学奥数,数学试卷的附加题不会做怎么办?　　65
第五节　小学奥数适合学有余力的小学生?拓展数学兴趣只能靠
　　　　奥数?　　　　　　　　　　　　　　　66
第六节　小学奥数能锻炼数学思维?　　　　　　67
第七节　再谈鸡兔同笼型应用题　　　　　　　　69

第八章　数学课本和校内的知识并不简单

第一节　加法和乘法都很简单，但它们的类比却并不简单　　75

第二节　数轴很简单，一旦和运算关联之后却非常神奇　　77

第三节　四个简单的面积公式　　80

第四节　树叶面积估算实验背后的深刻数学理论　　81

第五节　数学课本和校内的知识并不简单　　85

第九章　数学教育的大局观

第一节　为什么要谈数学教育的大局观？　　89

第二节　数学教育的目的是什么？　　90

第三节　专攻解题并非数学学习的捷径　　92

第四节　培养对数学的兴趣　　93

第十章　家长能为孩子的数学学习做什么？

第一节　直接辅导孩子数学的做法并不可取　　97

第二节　成年人也可以学好数学　　100

第三节　面对数学差生，家长能做什么？　　101

第四节　抛开课本和习题，和孩子一起实践数学　　105

第五节　引导孩子阅读数学　　110

第六节　让孩子选择自己喜欢的趣味数学内容　　112

第十一章　推荐一些亲子数学游戏

第一节　算24点游戏　　115

第二节　以棋子为道具的数学游戏　　117

第三节　萌芽游戏　　120

第十二章　小学数学中有哪些内容"并不重要"?

第一节　与除法、小数相关的几个内容　　126

第二节　真分数、假分数和带分数　　128

第三节　周长和表面积　　130

第四节　小学几乎没有严格的数学概念　　131

第十三章　给数学牛娃的一些建议

第一节　如何识别数学天赋?　　135

第二节　什么样的孩子,在什么时候适合提前学?　　139

第三节　给真正有数学天赋的孩子的几点建议　　142

第十四章　谈谈数学教材的选择

第一节　不建议使用过去的老教材　　147

第二节　教辅不能当教材用　　148

第三节　国内的通用教材就非常不错　　151

第十五章　好的数学题和"不好"的数学题

第一节　什么样的数学题算是好的数学题?　　155

第二节　追求一题多解还是只需掌握一种方法?　　157

第三节　新方法,新知识体系的试金石　　161

第四节　什么是"不好"的数学题?　　165

第十六章　常规通用方法与特殊巧妙方法

第一节　从一道网红题谈起　　　　　　　　　171
第二节　通用方法和特殊方法的典型例子　　　174
第三节　通用方法、常规方法往往才是正道　　179

第十七章　什么才是数学学习最重要的基本功?

第一节　从0谈起　　　　　　　　　　　　　186
第二节　数学学习成败的一个临界点　　　　　188
第三节　什么才是数学学习最重要的基本功?　190
第四节　第一点建议——了解一些数学史　　　192
第五节　第二点建议——养成思考、追问、反思的习惯　193
第六节　第三点建议——了解一些西方哲学　　195

第十八章　发现数学之美

第一节　丑陋化的数学教育　　　　　　　　　201
第二节　发现数学之美　　　　　　　　　　　202

第十九章　数学学习中碰到问题该怎么办?

第一节　多请教校内数学老师　　　　　　　　207
第二节　有没有必要找校外数学培训?　　　　209

第二十章 如何整体规划初高中的数学学习？

第一节 如何看待高考数学非常难，而中考数学却非常简单的
现象？ 215
第二节 新形势下，该如何整体规划初高中数学学习？ 216

第二十一章 如何看待中学奥数？

第一节 什么是奥数？ 225
第二节 中学奥数成为一门显学，同时也是低效的内卷 226
第三节 名校选拔机制的大势所趋 229

第二十二章 高等数学自学指南

第一节 初等数学和高等数学的比较 233
第二节 数学分析课程 234
第三节 高等代数课程 236
第四节 抽象代数课程 239
第五节 面积、体积概念和实分析课程 242
第六节 高等数学的教材推荐 244

第一章

最好的数学启蒙就是一个字

开通数学公众号以来，写了不少关于数学教育的文章，所以常常有家长留言问我各种数学教育问题，而其中问得最多的就是：

"我家小孩现在已经4/5/6/7岁了，该如何为他做数学启蒙？"

为什么这么多家长关心小孩的数学启蒙呢？因为大家都知道数学是一门很难的学科，都不希望自己的孩子输在起跑线上。

但是，数学教育本身也是很难捉摸的，很多家长本身不懂数学，在小孩的数学教育上花费大量时间精力，结果却适得其反，孩子反而变得不喜欢数学了。比如在不少家长的眼里，数学就是数字加减乘除，这样的家长最容易掉入珠心算或者速算巧算培训的陷阱。

所以，在你想对孩子做一些数学启蒙之前，首先要对数学这门学科有一个最起码的了解，你至少要知道——

数学这门学科是什么性质的？

历史上，这些数学知识是从哪里来的？

其实就小学阶段的数学而言，绝大部分的数学知识都是直接来源于现实和生活的，数学最早也只是一门经验的学科。

以数数为例，今天我们数1，2，3，4，5的时候，都觉得这是稀松平常的事情。但是，套用罗素的话说，历史上，人类是经过几百万年的时间才认识到，5只鸡的5和5棵树的5是一回事，这是一个漫长的数学抽象的过程。

今天，你要对小孩子做数学启蒙，要教他数数，实质上就是把人类花费几百万年时间抽象出来的数学知识传授给孩子。

就像人类需要漫长的生活实践来提炼这种抽象的数学知识，小孩子接受数数的知识也需要一个过程，需要一定的生活体验和实践经验的积累作为前提。

对于一个学龄前儿童而言，他的实践经验就是玩！玩是孩子的天性，这个年龄的孩子就应该疯玩。堆砌一大堆积木，推几辆玩具火车，摆几个布娃娃时，数的概念就会在他的脑中渐渐萌芽。但这是一个漫长的过程，需要几年的时间，急不来的！数数的知识如此，加法、乘法知识也是如此。

我再举个例子，数学中有一个非常抽象的概念：直线。数学上的直线是没有宽度的。对于一个小孩子来说，如何理解这种没有宽度的直线呢？这种理解也要建立在现实的经验认知之上，他看过笔直的电线杆、笔直的树干，甚至长长的铁路轨道线，当他感受并惊叹于这些物体的长度时，宽度是可以被忽视的。直线就是这些物体长度性质的抽象，当他拉直一根头发观察时，这一特点更加显著。

总之，小学阶段每个几何概念、每个算术概念都是一种柏拉图式的理念（在后文中我们会更详细地介绍），这些理念都是从现实世界中提炼出来的，也可以折射到现实中。小孩子接受这些概念，要以对周围世界大量的感官经验积累作为前提和支撑。

所以，对于学龄前儿童而言，最好的数学启蒙就是一个字——玩。通过玩来认识周围的世界，感知物体的数量、形状和变化。不用担心孩子输在起跑线上，会玩的孩子，都很聪明！

我留意到很多家长会买一些针对学前孩子的数学习题册作为孩子的数学启蒙读物，我不建议家长们这么做。这些学前的数学启蒙读物中有大量小学一至三年级的数学知识，做这种数学习题就相当于提前接触几年以后才学的数学知识。

每个小孩子的智力都有一个发育的过程，而绝大部分幼儿园孩子的智力发育程度，其实并不适合这种大跨度的超前学习，一旦孩子觉得这些东西很难，不好玩，反而会对数学产生不好的印象，影响后期的数学学习。有少数孩子确实可以提前学这些东西，但这不是聪明与否的问题，而是智力发育快慢的问题，就和有些孩子早学会走路，有些孩子晚学会说话一样，但正常的孩子迟早都会走路和说话，所以家长不必对比、担忧、焦虑。

过早地接触抽象数学概念其实并不好，这种抽象概念会限制孩子的想象能力。如果孩子过早地了解甚至熟悉了抽象几何概念，他在以后观察各种图形、事物的形状时，就有可能会拿三角形、正方形的概念去套：

"这个是三角形。"

"那个是正方形。"

但是事物的形状千变万化，小孩子的想象力本身也非常丰富，他们观察事物的角度不应该仅仅局限于一些抽象的几何概念。所以学前的孩子更适合发挥想象力，天马行空，积累各种生活经验。正常的数学学习应该是将抽象数学概念的介绍引入建立在大量的生活观察之上的，而不是先灌输抽象数学概念，然后以这种抽象数学概念为观察角度限制孩子的想象力。

最后对本章内容做个总结：学前阶段的孩子建议以玩乐为主，花样和种类越多越好。可以考虑在孩子玩乐的过程中慢慢地教他们1，2，3，4，5这种最简单的数数，此外不建议再安排孩子提前学其他数学知识和概念，更不建议做各种针对学前孩子的数学习题册。

第二章

学珠心算、学围棋对数学学习有没有帮助？

第一节　什么是珠心算？

记得我们小时候的一、二年级数学课还会学一些简单的珠算，对上学带算盘还印象深刻。不过没过几年，珠算就被教委取缔了。其实取缔的做法是对的。在计算能力低下的旧社会，珠算可以作为一种实用的技艺，但在10块钱就能买个计算器的现代社会，珠算根本就是多余的。

可是近十几年来，以珠算为基础的珠心算培训居然在教培市场大行其道，号称能培养儿童注意力，训练儿童数学思维，提高解题能力，开发儿童智力，等等。

所谓的珠心算培训，第一步要求儿童非常熟练地掌握算盘珠算，第二步要求儿童将算盘的盘式、档次及算珠的浮动变化描绘到脑子里，在大脑中完成珠算，不再用算盘，也就是把算盘珠算变成心算，这被称为珠心算。

如何看待珠心算呢？其实珠心算只是一种特殊的心算方法，首先我们要了解心算是怎么回事，以及心算能力的本质是什么。

第二节 揭开心算的神秘面纱

　　许多人觉得心算非常神秘，有些电视节目中的选手展示的心算本领也引发许多观众追捧，不少人甚至直接将心算能力等同于数学天赋和才华。

　　所有这些都是因为不了解心算而造成的错误印象。其实不论哪个年代，都有极少数心算能力特别强的人。从20世纪初到中叶，西方国家还有一种专门的职业叫舞台心算表演家。这些有心算天赋的人所用的心算技巧其实并不神秘，著名数学科普大师马丁·加德纳在他的科普专栏中也介绍过这些技巧。下面是加德纳给出的一个简单心算技巧，计算236 × 47：

$$236 \times 47$$
$$236 = 200 + 30 + 6$$
$$47 = 40 + 7$$

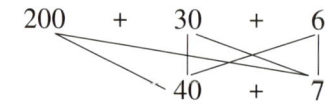

1. $40 \times 200 = 8000$
2. $8000 + (40 \times 30) = 9200$
3. $9200 + (40 \times 6) = 9440$
4. $9440 + (7 \times 200) = 10840$
5. $10840 + (7 \times 30) = 11050$
6. $11050 + (7 \times 6) = 11092$

　　当然了，根据各种不同数字、不同运算，相应的各种各样的心算技巧非常之多，但它们都有一个共同的核心：记忆力！

所有有心算天赋的人都有超强的记忆力，无一例外！有的心算师你随便告诉他40个数字他能立刻倒过来背，还有的心算师能记住圆周率小数点后面700多位数字。为什么他们可以心算，而我们只能在纸上计算呢？因为我们无法把纸上写的东西记在心里，印在脑中。比如上面心算236×47的技巧图示，就算你看完这个图，已经知道了这个技巧，你也不能心算，因为你记不住这个图。心算师正是靠着超强的记忆力，才能轻松驾驭各种心算技巧。所以心算能力本质上是一种记忆能力，其次才是计算能力。

第三节　心算能力和数学有关系吗？

心算能力和数学有没有关系呢？上节讲过心算能力首先是一种记忆能力，其次才是计算能力。至于数字计算能力，那也只是数学能力的极小一部分，抽象概念的理解能力、逻辑推理能力、直观空间想象能力……这些才是数学能力的主要部分。在信息时代，计算能力越来越不被看重，现在国内外越来越多的数学考试允许带计算器，就是最好的证明。

有些数学家如欧拉（Euler）、冯·诺依曼（von Neumann），他们确实有很强的心算能力，但也有很多数学家计算能力很差，比如厄尔米特（Hermite），还有很多数学家记忆力非常差，比如希尔伯特（Hil -

bert)、哈尔莫斯（Halmos），他们根本做不了心算。至于大数学家库默尔（Kummer），据说他连个位数的乘法都会搞错，但这并不妨碍他在代数数论领域做出划时代的贡献。

至于二十世纪西方那些有超强心算天赋，从小就到处表演心算的人，有几个走上数学的道路？一个都没有！最后都变成舞台心算表演家和心算师了。到了二十世纪八九十年代，计算器开始流行的时候，舞台心算表演家和心算师这种职业也早就退出历史舞台了。

所以可以断定，心算能力和数学能力几乎是没任何关系的！

至于记忆能力，我认为在信息时代，记忆力强早已不是什么优势了，因为各个学科的大量知识都可以通过各种百科全书网站轻易获得。

第四节　有没有必要学珠心算？

珠心算充其量只是一种特殊的心算技巧，所以和数学实在没什么关系。在人人都有智能手机，每个智能手机都带有超强计算器的时代，这种技巧根本没什么用。当然这种技巧本身是人畜无害的，如果你想和国外那些早已销声匿迹的舞台心算表演家一样，靠这个技巧去电视节目上表演并走红赚钱也是可以的。

但是，珠心算培训招生宣传时往往宣称，4~8岁是学珠心算的最好年龄。这个年龄段的孩子，本该以玩乐为主，连数字和加减乘除都还没怎么接触，让他们去接受珠算教育，提早接触复杂的加减乘除运算，背那些天书一样的珠算口诀，是非常不合理的。我在上一章已经说过了，这个年龄段的孩子，他们对较大的数字，以及复杂的运算根本没有一丁点儿直观的感觉，所以最终只能是学一些空洞的运算规则，学了个寂寞。

第五节　学围棋对数学学习有帮助吗？

对于这个问题，我还是有些发言权的，因为数学是我的专业，而围棋是我最大的一项业余爱好。我是从初中开始自学围棋，到现在有二十多年的棋龄。

据我对围棋的了解，围棋中是包含许多数学知识的，其实围棋本身就可以看成一项非常复杂的数学游戏。

围棋棋子要想在棋盘上存活，首先要面临的是对杀的问题，对杀往往会涉及数气的问题，所谓的数气，就是数学中的计数。

围棋下完之后要数子来确定胜负，这也是计数。而且数子过程中不但要用加法，还需要用到乘法，如果仅仅用加法数子效率太低，这本身就是非常好的数学计算训练。

小学一、二年级都学过加法和乘法，但是绝大部分孩子并不知道为什么要引入乘法，乘法有什么用，围棋数子就可以让孩子明白，在计数上，乘法相较于加法有非常大的便捷性。

一局棋最后的阶段是收官，这个时候需要判断官子大小，初步的判断就是数官子的目数，也就是计数，至于更精确的判断那就非常复杂了，涉及很深刻的数学理论。

下棋过程中，经常需要棋手做形势判断，估计双方大概的目数，这又涉及计数。哪怕不想计数，也需要棋手能大概估计双方的实空大小，这又涉及数学中一个非常核心的概念：面积。

实际上面积与计数有非常密切的关系，涉及各种数学理论，比如著名的蒙特卡罗方法，就是利用随机点的计数来给出面积体积的估值。

以上列举的内容远远未穷尽围棋和数学的关联。总之围棋中蕴含大量数学原理。而且我发现大多数真正喜欢围棋的孩子，数学都不会差！

第三章

如何看待小学的加减乘除计算训练？

相信许多小学家长都被孩子的计算问题困扰。不少小学数学老师都建议家长每天让孩子训练三五十道计算题，但是这本身是非常枯燥的训练。

所以很多家长经常问我：

"到底有没有必要在家里额外训练加减乘除竖式计算？"

"计算该训练到什么程度？"

另外我留意到，许多数学教育自媒体提出不少关于小学训练计算能力的观点，比如：

"小学数学主要是侧重计算训练，可以锻炼数感。"

"小学阶段主要是训练计算能力，要打好计算的基本功。"

"到了初中才开始抓计算太晚了。"

"计算能力到初一之后基本定型了。"

"小学阶段计算没训练好，以后中高考会很吃亏。"

这些观点对不对呢？小学阶段大量的加减乘除计算训练，有多少在中学数学学习中会有用呢？真的会影响中高考吗？

接下来我们将逐一回答这些问题。

第一节　在小学数学中，加减乘除计算训练占多少比重？

在加减乘除计算这个问题上，许多家长都陷入了一个典型的误区，那就是误以为：

"小学数学无非就是加减乘除计算。"

"小学数学最主要的内容就是加减乘除计算。"

"只要把计算训练好，就万事大吉了。"

其实，整个小学数学体系至少包括两大知识板块：

一、各种数及其运算，以及运算定律、运算法则等；

二、各种几何图形，角度，长度，面积，体积，各种图形运动等。

此外还有一些非常核心的概念知识，比如数轴，坐标，代数，代数运算，简易方程（不过最新课程标准已经把简易方程从小学数学中删除了，所以以后的小学数学课本很可能不讲方程了），等等。

其中，第一个知识板块，又包含了加减乘除运算的原理、运算法则、加减乘除竖式计算的算理、加减乘除竖式计算等。

就知识的基础性和重要性而言，其他内容根本不输计算本身。所以虽然加减乘除计算本身也很重要，但小学数学的学习，远远不止于此。

第二节　加减乘除计算训练有没有必要做，该做到什么程度？

要回答这个问题，我们首先要了解，小学数学阶段，让小学生学加减乘除运算是为了让学生掌握什么。

我认为，首先是关于加减乘除运算的原理性知识。

比如加法表示量的合并，3个苹果和5个苹果堆在一起就是(3＋5)个苹果；乘法表示多个同等数量的合并，4行队伍，每行5人，总共是(4×5)个人，5个篮子，其中每个篮子有6个桃，总共有(5×6)个桃。

刚接触这些原理性知识的小学生可能会觉得很抽象，但是，这些知识本身就是从经验中提炼出来的。学这些原理性知识可以结合生活、游戏、玩乐、故事，让这些原理性的知识变得更加直观。熟练掌握并且会在现实生活中运用这些原理性的知识，才是真正的基本功。

掌握这些原理性的知识之后，再开始学习一些最简单的计算，比如7＋5＝12，16－9＝7，4×5＝20。我认为要求学生掌握这些最简单的计算，包括记忆九九乘法口诀表，也是必要的，它们是后期学竖式计算的基础。这些学习同样可以融入日常生活中。比如有学过围棋的孩子，数子的时候就会用到简单的乘法，他们就会体会到，在计数方面，乘法有着巨大的优势，这类现实的体验是非常关键的。如果缺乏这类现实的体验，所有的计算知识都会显得非常空洞。

紧接着可以开始一些复杂的计算，比如二、三、四位数的加法，

二、三位数的乘法。像人教版教材二、三、四年级就分别开始学两位数加减法、万以内加法和三位数乘一位数、三位数乘二位数。

这些计算有没有必要教，要教多少，一直是很有争议的事情。但有一点是肯定的，这些较为复杂的计算，尤其是多位数的加减乘除计算，很少能融入现实中。没有现实做支撑，它更多地只是一种单纯的、空洞的计算。

因此，我认为现有的小学数学教材，比如人教版教材中的课后计算题，再包括学校配套的练习册中的计算题，已经差不多足够了。再让学生在课后大量地训练计算题，其实就是一种非常空洞的机械式训练。我相信没几个学生会喜欢这种训练，反而可能会因为这种训练而彻底丧失对数学的兴趣。

第三节　加减乘除计算训练真的可以锻炼"数感"吗？

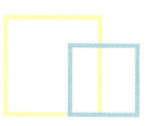

语文、英语中有所谓的语感，这是语言学科的核心能力，可以通过大量听说读写训练来培养，这个不管内行还是外行都知道，普通家长也知道！

但是，数学学科和语言学科截然不同，数学根本没有那种可以通过大量机械训练来培养的"数感"，数学学科最核心的能力是对抽象数学概念和数学知识的理解能力，空间直观想象能力，逻辑推导能力，而不是什么"数感"。在第四章中，我们会给出关于数感这一话题更详细的说明。

"数感"这个词在小学数学教育圈和小学家长圈非常流行，大家普遍认为"计算训练可以锻炼数感"，但是这仅仅是因为大部分人的数学层次太低，他们只会从语文和英语的听说读写中锻炼语感，便朴素地联想到，数学中用加减乘除计算锻炼数感。这种朴素的联系乍一听都觉得挺有道理的，所以自然流传很广。

其实哪怕你加减乘除计算训练得和计算器一样快，也不能代表任何真正的数学能力。人和计算器的不同之处在于人会思考，会理解抽象的概念，会联系想象，会逻辑推导判断。

第四节　为什么许多小学数学老师会要求学生课后大量训练计算？

在这里很多家长可能会反问：

"如果你讲得都有道理，那为什么许多小学数学老师还会要求学生课后开展大量计算训练？"

为什么这么多小学数学老师会这样要求呢？

我认为，这是应试教育大环境决定的。

小学数学试卷的大部分数学题，不管是计算题还是应用题，到最后都要计算出一个结果来，如果计算不过关，这些题都是潜在的丢分题。我看过一些小学的数学试卷，计算分值可以占到70%以上，而其他非常核心的抽象知识点，比如数轴、坐标、运算法则、运算定律等，所占的分值比例却非常小，但恰恰是对这些抽象知识点的理解程度才更能衡量真正的数学水平。

小学的数学教育成果看什么？

不论老师、校长，还是家长，首先都是看分数，所以不论是校内教学，还是校外辅导，大家都在拼命强调计算训练。

所以，小学数学试卷的成绩往往是很虚的，同样是数学成绩九十几分或满分的一群小学生，升入中学后数学成绩却有可能会天差地别。因为小学阶段，真正的数学能力是不容易在数学试卷中考查出来的！

第五节 有没有必要练口算？

最简单的口算，比如个位数乘个位数的口算，20以内加减法的口算，确实是有必要掌握的，因为这是后期学习竖式计算的基础。但我发现很多小学数学老师会要求学生做更复杂的口算训练，甚至要求要有一定的熟练度，认为这个能锻炼数感，甚至还有不少学校搞什么口

算比赛，其实这些都没什么意义。

这也涉及每个孩子的不同个性，有些孩子喜欢口算，能口算尽量不动笔，有些孩子就喜欢老老实实动笔计算，不喜欢口算，其实只要能算对就好了，哪怕算慢一点也没有关系。

如果让我给孩子建议的话，我是建议多动笔计算，这样会避免许多低级错误，使得计算正确率更高，也会让孩子更好地养成细心的品质。

从更长远的角度来看，动笔计算无疑也是更好的计算习惯。因为到了中学，会涉及多项式和分式计算、根式计算、三角函数计算、向量计算等内容，这些计算很难再用口算了，基本都是需要动笔计算的。

第六节　有没有必要学一些速算巧算技巧？

一说到速算巧算，我立刻就想到"印度数学"的宣传噱头。从十几年前到现在，国内就出版了不少关于印度数学的书籍，而且常常配上非常浮夸的字眼：

"世界上最有效的数学学习法。"

"风靡全球的思维训练法。"

"世界上最神奇的数学课。"

"让头脑变聪明/越学越聪明的印度数学。"

这几年网络上也冒出了很多关于"印度数学"的视频，不少培训机构也打出了"印度数学"的噱头来招揽家长。

其实，他们所宣传的"印度数学"无非就是一些加减乘除的速算巧算技巧，再冠以神秘的"印度数学"的名头，给家长一种高大上的感觉。

那么，这些所谓的"印度数学"真的会让学生越学越聪明吗？

中小学生有没有必要学这些速算巧算技巧呢？

我认为，完全没必要！

目前我国小学生在学校学的加减乘除都是用竖式计算的方法，这种方法是普遍适用的，本身也非常简便。许多视频中宣传的印度计算方法其实和竖式计算方法本质上是一样的，只是计算顺序上有点不同，并没有减少任何计算量。

总之，在这些普遍的数学计算方法上，学校教授的正规方法本身就足够简单，不存在更简单的速算巧算。

另外，在一些特殊的情况下，确实有一些速算巧算，比如：

一、接近整百整千的数的乘积；

二、首位相同，尾数和等于10的两个十位数乘积；

三、除以9的计算，乘以11的计算。

……

这方面的各种速算巧算方法非常多。我认为学生专门学这些特殊情况下的速算巧算方法意义并不大。

首先，学校教的竖式计算方法本身就足够应付所有的计算和考试，你只需掌握一种方法就可以了。如果你要额外学一些特殊情况下的速算巧算方法，除了要记住这种新的方法外，还要清楚这种方法适用的范围。尤其是那些低年级的孩子，他们很容易会把特殊的方法用到不适用的地方，导致计算错误。当他们学了多种特殊情况下的速算巧算方法后，更有可能把它们的适用范围弄混，或是把它们和竖式计算方法弄混。

其次，速算巧算的培训往往是针对小学低年级学生，但是小学低年级学生还无法探究其背后的原理，所以即使他们的计算速度能提高，数学思维和层次也不会有什么提升。

所以，根本就没有什么"越学越聪明的印度数学"！

不过，有少数学生会在学习加减乘除的过程中自己总结出一些速算巧算的规律，这是一种好现象，说明这些学生善于总结规律，这在数学学习中是一个非常可贵的品格。

第七节　小学阶段，计算粗心马虎的问题怎么解决？

不少家长反映，小孩子计算马虎、不认真的问题，比如把96看成69，或者上行抄到下行，漏了一个负号，等等。

其实这些都是非常常见的问题，普遍存在于中小学的计算之中，即使到了大学也是一个普遍存在的问题，甚至连我在做学术研究，涉及计算时也会经常出现这种问题！

正因为许多家长普遍对这类问题感到焦虑，所以不少培训机构往往会以此为噱头，宣称有专门的计算训练辅导，可以纠正这类问题。

其实针对这类问题，根本没有什么非常有效的方法，加强计算训练也没什么明显用处，过多计算训练反而会让孩子感到厌烦，适得其反。

粗心马虎是一种非常复杂的心理现象，跟个人性格、心理状态等都有很大关系。一个性格毛躁、粗枝大叶的孩子，不只是计算粗心马虎，做其他事情也一样。另外，一个人在高度紧张或注意力不集中的状态下，都很容易出现各种粗心马虎的情况。

小学老师一般会嘱咐孩子，做完试卷记得认真检查一遍。在任何考试中，做完后认真检查一遍，确实会降低由粗心马虎带来的出错率，但除此之外，并没有什么特别有效的方法了。对于家长而言，千万不要指望在孩子身上杜绝这种现象。最好的应对办法就是看淡这个问题，因为你越是关注它，越是在孩子面前强调它，甚至为此责备、斥骂孩子，效果往往越糟糕。这就是心理学里的瓦伦达效应：太患得患失，太在意出错的后果，会带来各种负面效应，反而会更容易出错。

其实学好数学本身就有助于克服计算粗心马虎的问题，数学学得越好，思维越缜密，表现在计算方面也越不容易出错，出错了也越容易发现。因为许多数学题的计算结果，往往要求和解题思路要吻合，如果不吻合，就要考虑计算是否出错，数学学得越好的学生在这方面感觉会越敏锐。

另外，孩子进入初中或高中后，性格会逐渐沉稳，粗心马虎的问题也会有一定程度的改善。我在下一节还会提到，到了初高中，计算的重心完全迁移了，小学阶段训练无数遍的多位数乘多位数，几乎不会出现在中高考里。所以小学阶段计算粗心马虎并不是什么大问题，家长不必杞人忧天。

第八节　小学和中学的计算有什么区别？

这一节我们来讨论这个问题：

"小学的加减乘除计算和中学阶段要求掌握的计算究竟有什么关联和区别呢？"

如果说小学阶段的加减乘除计算是以20以内加减法和九九乘法表为基础的竖式计算，那么中学阶段的计算，则是另一种完全不同类型的计算。

到了初中，接触有理数的加减乘除运算时，负号让情况变得非常复杂，各种运算也纷至沓来，比如"负负得正""负号后面去括号要变符号"等，这些问题背后都会指向五大运算定律。这个时候的计算问题，重点和难点都是涉及负号，以及如何变符号的问题，正常的初中数学考试基本都不会再掺杂两位数加两位数、两位数乘两位数等运算了。

所以，到了这里，你会发现，小学阶段过度训练的那些竖式计算基本派不上用场了。早知如此，当初何必为此浪费那么多时间呢？

再往后，就是二元、三元一次方程组和消元法解鸡兔同笼型问题。这时已经开始了一种和以往截然不同的计算——抽象的代数计算。以往的竖式计算，有理数加减乘除计算要有个数值的结果，但是，这种抽象计算是以符号为主体，涉及括号展开、同类项合并，等等。

再往后，到了初二就是多项式和分式计算，这就是彻底进入代数世界了。在这个世界里，五大运算定律是代数语言的基本语法，每一步代数计算都是在直接使用运算定律，而这种抽象的代数计算将会运用到中学数学的方方面面，包括几何、函数、三角、不等式、方程、概率。至此，五大运算定律开始闪闪发光，辐射整个中学数学体系。

我放两个抽象代数计算的例子，大家感受一下：

$$(-4xy^2 + x^2 - y + 1) + (6xy^2 - 3x^2 + 2y^2 - x + 2y)$$
$$= -4xy^2 + 6xy^2 + x^2 - 3x^2 + 2y^2 - x - y + 2y + 1$$
$$= 2xy^2 - 2x^2 + 2y^2 - x + y + 1$$

$$(xy^2 + x^2y - 2y^2)(x - y)$$
$$= (x^2y^2 + x^3y - 2xy^2) - (xy^3 + x^2y^2 - 2y^3)$$
$$= x^3y - xy^3 - 2xy^2 + 2y^3$$

中学还会涉及根式计算。其实根式计算也是建立在抽象计算的基础上，一开始都是把平方根当成未知量来计算，本质上也是抽象的代数计算，直到后面碰到平方时才自动化成整数。

到了高中，又会涉及另一种更高层次、更抽象的计算——向量的计算。

向量是整个中学数学体系的另一根支柱，非常核心，非常重要。向量在平面几何、立体几何中有非常强大的应用，可以说向量揭示了平面、立体几何的本质，而且向量也是承上启下直接关联初等数学和高等数学的一座桥梁，向下是平面、立体几何，向上就是高等代数。

初中的抽象的代数运算本质上只有两种运算：加法、乘法，有五个运算定律，减法和除法都是派生的。而高中的向量有三种运算：数乘运算，加法运算，内积运算，这三种运算的输出和输入对象还截然不同，很多学生常常混淆。向量的加法运算有交换律、结合律，数乘运算有结合律，第一、第二分配律，内积运算有交换律、结合律、分配律，所以向量运算总共有八个运算定律。

所以，向量的计算问题，其实根本不是考察计算，真正考察的是你对三个抽象运算和八个运算定律的理解、掌握和运用。如果一个学生，初中阶段没有自觉意识到五大运算定律是抽象的代数计算的前提，脑中没有这根弦，那么面对向量新的三个运算和八个运算定律，他很快就会不明所以了。

高中还涉及另一类计算，就是复数的加减乘除运算以及共轭运算。复数计算，也是依赖五大运算定律，以及与共轭运算相关的运算法则，其侧重点也是考查对运算定律、运算法则的理解运用，复数计算涉及的系数也都是较简单的。

高中的复数计算会不会涉及两位数乘两位数？会不会考你

$$(21 + 12i) \times (15 - 3i) = ?$$

根本不会!虽然都是计算,但和小学竖式计算的侧重点完全不一样。

总之,中学阶段要求掌握的计算和小学的竖式计算是截然不同的。中学阶段的计算建立在对抽象概念、运算定律、运算法则深刻理解的基础之上。而且中学的计算也只能在中学阶段训练,小学阶段练再多的竖式计算根本都是做无用功!

第九节　中高考会出现复杂的竖式计算吗?

现在我们来聊聊中高考中的计算。中高考会涉及大量的抽象代数计算、根式计算、向量计算、复数计算,也会涉及最简单的小学加减乘除计算:一位数乘一位数、两位数加一位数或两位数,那么中高考会涉及更复杂的加减乘除竖式计算吗?

你去看看最近这一两年的中高考数学试卷的标准答案,就会发现,别说两位数乘两位数,连一位数乘两位数都很少出现。不过,上海高考是个例外,上海高考数学卷中经常会出现一些比较复杂的数值计算,比如下面这道上海高考题:

19.已知某企业今年(2021年)第一季度的营业额为1.1亿元,以后每个季度的营业额比上个季度增加0.05亿元,该企业第一季度的利润为0.16亿,以后每季度比前一季度增长4%。

(1)求2021年起前20季度营业额的总和;

（2）请问哪一季度的利润首次超过该季度营业额的18%?

【解析】（1）依题意：营业额是首项为1.1，公差为0.05的等差数列.

$$\therefore 前20季度营业额之和为 S_{20} = 20 \times 1.1 + \frac{20 \times 19}{2} \times 0.05 = 31.5 (亿)$$

（2）设2021年起第n季度$n \in N^*$，满足条件，依题意：

第n季度的营业额为：$a_n = 1.1 + (n-1) \times 0.05 = 0.05n + 1.05$

设n季度的利润为：$0.16 \cdot (1 + 4\%)^{n-1}$

依题意：$0.16 \cdot (1+4\%)^{n-1} \geqslant (0.05n+1.05) \times 18\%$，解得：$n \geqslant 26$

即今年起第26个季度时满足条件.

你知道为什么吗?

估计不少读者都猜到了!

因为上海高考允许使用计算器!

最典型的无疑是2021年北京市的中考数学试卷，整张试卷的计算都非常简单，没有两位数乘两位数。再看看北京试卷的这道选择题：

7. 已知 $43^2 = 1849, 44^2 = 1936, 45^2 = 2025, 46^2 = 2116$。若 n 为整数，且 $n < \sqrt{2021} < n + 1$，则 n 的值为   （   ）

（A）43   （B）44   （C）45   （D）46

这道题是考2021的平方根估值。正常情况下，做这种估值题是需要计算几个两位数平方，或者记住这几个平方数。但是，题目已经直接给出了平方数据，这种出题方式的用意和导向已经非常明显了，就是不考两位数乘以两位数，更不会考你有没有记住平方表。

弱化竖式计算，这是中高考数学的大势所趋!

按个计算器就能搞定的东西，何必花费孩子那么多时间精力做枯燥的训练呢?

第四章

数学学习中的记忆和背诵

第一节 大量的记忆和背诵能增强数感?

我发现不少数学老师和教育自媒体会宣扬这样一种观点:

"大量记忆背诵一些数学上的数据表,比如100以内平方表、几百以内质数表,背立方数、平方根、立方根……可以增强数感。"

广大家长对此也深信不疑。但是如果你要问他们什么是数感,答案真的是五花八门:

"数感就是对数学或数字的感觉或敏感度。"

"对数字或数学的直觉。"

"这个东西是说不清楚的,但是是真实存在的。"

为什么这种观点会这么流行呢?

其实它就是从语文和英语学习中移植过来的!

语文英语中有语感,大量背诵可以增强语感,可以让我们不用学语法知识就能听说读写。不论是英语还是语文,语法知识都可以写厚厚的一本书,什么介词,冠词,的,地,得……

看一句中文或英文通不通顺,我们不需要从语法上判断,直接读两遍就知道了,靠的就是语感。所以语感这个东西,大概就是语法的直觉,或者语言表达的直觉吧。靠大量背诵语言文字确实可以增强语感，可以让你更熟练地使用语言，甚至可以进一步做到熟能生巧，做到肌肉记忆式条件反射，做到出口成章，你甚至都不需要理解什么语法知识。所谓"读书破万卷，下笔如有神"，说的也就是这个道理。

这种道理在语文和英语的学习中是众所周知的，但是简单地移植到数学学习中就荒唐了。

因为，数学和语言学科完全不同，根本没有类似语法的东西！中小学阶段，数学符号都少得可怜。写数学公式、计算等式需要考虑语法吗？有通不通顺的说法吗？

没有！只有对和错的说法！而且对错要靠你去理解和证明！

所以数学中根本没有和语感相类比的数感，更不会有通过大量记忆背诵可以增强的数感。

有没有数感这个词呢？确实有，英文名是"number sence"，有的时候翻译成数感，有的时候又翻译成数觉。这个词最早是由日本数学家小平邦彦提出来的，原先指的是对数学现象的某种难以言说的体会，或者指对数学的一种难以言说的洞察力。后来这个词不断演化，在国内外都出现了各种千奇百怪的解释，出入非常大。国外非常有代表性的一个解释是数学家基斯·德夫林（Keith Devlin）提出来的，他认为数感由两个重要的部分组成：同时比较两组物体多少的能力和及时记住连续呈现的物体数量的能力。

再看看国内数学课标实验稿和2011版中的两种完全不同的定义：

"数感主要表现在：理解数的意义；能用多种方法来表示数；能在具体的情境中把握数的相对大小关系；能用数来表达和交流信息；能为解决问题而选择适当的算法；能估计运算的结果，并对结果的合理性作出解释。"

"数感主要是指关于数与数量、数量关系、运算结果估计等方面的感悟。建立数感有助于学生理解现实生活中数的意义，理解或表述具体情境中的数量关系。"

各种解释出入太大了！但大部分关于数感的解释，都包括对数的意义、数量关系、大小关系等的理解，说到底都是强调对数学知识的理解，和语文、英语中的语感那是天差地别，完全不可类比的！

第二节　数学中几乎没有需要专门记忆背诵的

如果说语文和英语的学习非常强调大量记忆背诵，甚至可以忽略对语法知识的理解，那数学的学习就是恰恰相反的。数学中几乎没有什么需要专门记忆背诵的东西。我曾经问过许多数学专业的大一新生：

"你们为什么选择数学专业？"

有相当一部分学生的回答就是"因为记忆力不好"。

为什么很多文科生学不好数学，不是因为他们天生笨，而是因为他们受文科学习方式的影响，也就是通常所说的文科思维，这种文科式的学习方式更注重记忆、背诵、熟练度，相对而言更忽视抽象理解能力。其实数学学习根本不是考验你能记或背多少东西，恰恰相反，是考验你对数学知识的抽象理解能力。

为什么这么说呢？

其实，整个数学学习过程本质上可以看成一种抽象化的过程。一年级数学入门时，学3这个数字的过程就是一种抽象化，从3个苹果、3个人、3只猫、3本书中抽象出3这个数。

这种抽象学习靠什么，靠你记住3个苹果、3个人、3只猫、3本书？

不是的，是靠你理解3个苹果、3个人、3只猫、3本书中3的共性！

3个球的筐中加入6个球变成9个球，这类经验可以抽象出3+6=9。这种抽象学习需要你去记住球，还是记住筐？

都不是，是靠你理解加法运算的实质是两部分同类物品的结合。

$$(3 + 5) + 6 = 3 + (5 + 6)$$
$$(16 + 9) + 22 = 16 + (9 + 22)$$
$$(24 + 11) + 7 = 24 + (11 + 7)$$
……

从这些等式中，我们可以抽象出加法结合律，这种抽象也不需要你记住每条等式，只要理解了这个运算定律，这种类型的等式你想写多少就写多少！

后期再进一步从大量加法、乘法运算中抽象出乘法交换律、结合律，加法乘法分配律，从大量数字中抽象出未知数 x 以及关于 x 的运算。每一步抽象化的过程也都是遗忘的过程，要忘掉之前具体的内容，理解后面抽象本质的内容。

我最后再举个例子，比如经典的鸡兔同笼问题：

笼子里有若干只鸡和兔，从上面数，有35个头，从下面数有94只脚，问鸡和兔分别有多少只？

这个问题就可以抽象成方程组

$$\begin{cases} x + y = 35 \\ 2x + 4y = 94 \end{cases}$$

这时，用消元法解方程过程中，我需不需记住 x，y 表示什么，鸡还是兔，头还是脚？不需要！这种抽象的方法就是希望我们忘记鸡和兔，忘记头和脚，而专注于问题的数学本质。

所以整个数学学习过程，本质上就是抽象的过程、遗忘的过程、理解的过程，这个过程中实在没有什么东西需要专门去记忆背诵的。

不过，话又说回来，学习归学习，有的时候，为了应付考试，需要临时记住少量的公式，这也是可以理解的，但这绝不等同于一味地死记硬背。

第三节　要不要背诵九九乘法口诀表？

写到这里，可能有不少读者会问："既然数学学习上没有什么专门需要记忆背诵的东西，那九九乘法口诀表呢？"

在回答这个问题之前，我们先来看看人教版小学数学教材是怎么讲乘法的。

首先，教材是以游戏场景为背景，利用加法来引入乘法，乘法是用加法定义的。在接下来三四十页的篇幅中，运用了大量的生活实例、故事、游戏场景和习题来训练孩子利用加法计算出表内乘法，并给出大量应用题和计算题巩固和运用之前学的表内乘法计算结果。

这其中也先后穿插了6以内乘法表，乘以7，乘以8，乘以9的乘法口诀，也有要求小孩子背诵乘法口诀。但是在这之前，小孩子在课本和练习册的练习中，已经大量训练了利用加法计算出表内乘法，以及表内乘法应用题和计算题。后续二、三、四年级的数学学习中，学生还有大量用到表内乘法的习题训练。

在孩子刚学完表内乘法之后，家长还可以带孩子去文具店、菜市场、超市进行现场应用，这时 $6 \times 7 = 42$，$4 \times 6 = 24$ 不再是干巴巴的抽象公式，而是买7瓶酸奶，每瓶酸奶6块钱，总共需要支付42元，买6本练习册，每本4元，要花24元……一旦乘法口诀有了鲜活的生活烙印，还担心孩子记不住吗？

　　在这样的基础上，记住九九乘法口诀表并熟练应用，我认为是非常自然而然的事情。在这一点上，我认为不同学生进度不一样，尤其是记忆力不佳的学生，你需要多给他们一些时间。小学阶段的数学学习要慢，要耐心等待，不必急功近利地追求分数，我在上一章已经讲过了，小学的数学成绩往往是很虚的！

　　真正愚蠢的教学方式就是在学表内乘法之后，立刻要求学生背诵九九乘法口诀表，甚至要求背到滚瓜烂熟。我读小学一、二年级的时候，班上有几个学生，被老师课后留校要求背完乘法口诀表再回去。他们战战兢兢、痛哭流涕的样子，至今我还记得。如果数学教育给孩子的第一印象是这个样子，你还指望他们以后能学好数学吗？

第五章

背 100 以内数的平方表能提分？——数学学习没有灵丹妙药

$1 \times 1 = 1$	$11 \times 11 = 121$	$21 \times 21 = 441$	$31 \times 31 = 961$	$41 \times 41 = 1681$
$2 \times 2 = 4$	$12 \times 12 = 144$	$22 \times 22 = 484$	$32 \times 32 = 1024$	$42 \times 42 = 1764$
$3 \times 3 = 9$	$13 \times 13 = 169$	$23 \times 23 = 529$	$33 \times 33 = 1089$	$43 \times 43 = 1849$
$4 \times 4 = 16$	$14 \times 14 = 196$	$24 \times 24 = 576$	$34 \times 34 = 1156$	$44 \times 44 = 1936$
$5 \times 5 = 25$	$15 \times 15 = 225$	$25 \times 25 = 625$	$35 \times 35 = 1225$	$45 \times 45 = 2025$
$6 \times 6 = 36$	$16 \times 16 = 256$	$26 \times 26 = 676$	$36 \times 36 = 1296$	$46 \times 46 = 2116$
$7 \times 7 = 49$	$17 \times 17 = 289$	$27 \times 27 = 729$	$37 \times 37 = 1369$	$47 \times 47 = 2209$
$8 \times 8 = 64$	$18 \times 18 = 324$	$28 \times 28 = 784$	$38 \times 38 = 1444$	$48 \times 48 = 2304$
$9 \times 9 = 81$	$19 \times 19 = 361$	$29 \times 29 = 841$	$39 \times 39 = 1521$	$49 \times 49 = 2401$
$10 \times 10 = 100$	$20 \times 20 = 400$	$30 \times 30 = 900$	$40 \times 40 = 1600$	$50 \times 50 = 2500$
$51 \times 51 = 2601$	$61 \times 61 = 3721$	$71 \times 71 = 5041$	$81 \times 81 = 6561$	$91 \times 91 = 8281$
$52 \times 52 = 2704$	$62 \times 62 = 3844$	$72 \times 72 = 5184$	$82 \times 82 = 6724$	$92 \times 92 = 8464$
$53 \times 53 = 2809$	$63 \times 63 = 3969$	$73 \times 73 = 5329$	$83 \times 83 = 6889$	$93 \times 93 = 8649$
$54 \times 54 = 2916$	$64 \times 64 = 4096$	$74 \times 74 = 5476$	$84 \times 84 = 7056$	$94 \times 94 = 8836$
$55 \times 55 = 3025$	$65 \times 65 = 4225$	$75 \times 75 = 5625$	$85 \times 85 = 7225$	$95 \times 95 = 9025$
$56 \times 56 = 3136$	$66 \times 66 = 4356$	$76 \times 76 = 5776$	$86 \times 86 = 7396$	$96 \times 96 = 9216$
$57 \times 57 = 3249$	$67 \times 67 = 4489$	$77 \times 77 = 5929$	$87 \times 87 = 7569$	$97 \times 97 = 9409$
$58 \times 58 = 3364$	$68 \times 68 = 4624$	$78 \times 78 = 6084$	$88 \times 88 = 7744$	$98 \times 98 = 9604$
$59 \times 59 = 3481$	$69 \times 69 = 4761$	$79 \times 79 = 6241$	$89 \times 89 = 7921$	$99 \times 99 = 9801$
$60 \times 60 = 3600$	$70 \times 70 = 4900$	$80 \times 80 = 6400$	$90 \times 90 = 8100$	$100 \times 100 = 10000$

近几年，有个数学博士在他的公众号上鼓吹"背100以内数的平方表能提分"。大意是说只要背下100以内的数的平方，再结合平方差公式 $a^2 - b^2 = (a + b)(a - b)$，"两位数乘两位数就不用打草稿了"，就可以提高计算能力，从而在高考等升学考试中提高成绩，因为"计算熟练度很大程度上决定了你的数学成绩"（这位数学博士的原话）。

果真如此吗？

第一节 背平方表真能速算两位数乘两位数吗？

为了说明平方表真能速算两位数乘两位数，这位数学博士首先举了个例子：

$$38 \times 44 = (41 + 3)(41 - 3)$$
$$= 41^2 - 3^2 = 1681 - 9 = 1672$$

你先算出38和44的平均数是41，然后利用你所记住的41的平方等于1681，再做个减法，答案就出来了。

看上去好像确实很简单！

那么如果两个数的差不是偶数呢？这位数学博士又举了个例子：

31×52，先算：

$$31 \times 51 = (41 + 10)(41 - 10)$$
$$= 41^2 - 10^2 = 1681 - 100 = 1581$$

然后再加一个31，就是1612。看上去好像也简单一点，然而，不知道你有没有发现，直接竖式计算：

```
      3 1
  ×   5 2
  ─────────
      6 2
    1 5 5
  ─────────
    1 6 1 2
```

根本不会比上面的计算慢，有必要去记41的平方等于1681吗？

注意上面的两个例子中，套用平方差公式时，b 这个数分别是3和10，这两个数的平方都非常简单。

那如果碰到一般的情况呢？

简直是惨不忍睹！

比如 57×84，按照以上方法，应该是先算 56×84，这需要先算出56与84的平均数为70，然后利用平方差公式算出：

$$56 \times 84 = (70 + 14)(70 - 14)$$
$$= 70^2 - 14^2 = 4900 - 196 = 4704$$

然后再加上84得到结果4788，这已经比直接竖式计算 57×84 更加麻烦了。

如果两个数相差很大，比如 84×23，那这种用平方差公式的计算方法就比竖式计算麻烦多了。

在这里，可能有人会说，你举的三个例子都是差为奇数的例子。好吧，就算差为偶数，可以直接用平方差公式，这种背平方的方法也谈不上什么优势。首先你要算两个数的平均数，再算平均数和这两个数的差，然后分别写下平均数的平方，差的平方，最后再做差。

以计算 24×82 为例，用这种方法你要先计算两个乘数的平均数为53，然后再计算出两个乘数和这个平均数的差为29，最后再利用平方差公式得出：

$$24 \times 82 = (53 + 29)(53 - 29)$$
$$= 53^2 - 29^2 = 2809 - 841 = 1968$$

相比较之下，竖式计算的流程是个位数乘第一个数，十位数乘第一个数，然后相加。例如：

$$
\begin{array}{r}
2\ 4 \\
\times\ \ 8\ 2 \\
\hline
4\ 8 \\
1\ 9\ 2\ \ \ \\
\hline
1\ 9\ 6\ 8
\end{array}
$$

你说哪个简单？

拿几个例子自己计算比较一下你就会发现，绝大多数情况下，靠背平方表来计算两位数乘两位数的方法根本没有任何速算的效果。

如果是碰到被11整除的数，比如74×22，这时竖式计算就更是简单多了！

自己动手试试就知道了！

第二节　背100以内数的平方表，
　　究竟是提分还是丢分？

所谓的速算巧算技巧都是有适用范围的，学生如果学这些技巧，更要知道，这些技巧在哪些特殊情形下能用，哪些情况下不能用、不好用。但现实情况是，很多时候，学生会混淆不同的情况。就像100以内数的平方表，只有在非常特殊的情况下，才有可能有速算效果，更多的情况下，反而会浪费时间。但是，你能指望学生会区分什么时候有速算效果，什么时候没有吗？

如果说中高考用对这种方法可能会节约时间，会提几分的话，那误用了这种方法，是不是就会浪费时间，会丢分呢？

更何况，弱化竖式计算，这是中高考的大势所趋。现在的中高考数学试卷中几乎都不会出现两位数乘两位数的计算要求了，所以背平方表与中高考提分根本没有任何关系了。

第三节　数学学习没有灵丹妙药

目前国内的数学基础教育，包括奥数选拔机制，本质上都是应试教育，这种应试教育最大的恶果就是各种靠死记硬背的套路技巧。其实如果为了中高考冲刺升学，临时抱佛脚学些套路技巧，那也可以理解。但是，一开始就建议"背平方表提分"是非常不可取的。

那这种方法为什么会得到众多家长的追捧呢？

我认为原因在于，目前不少家长都被孩子的计算问题所困扰，束手无策，而计算问题直接影响孩子的数学考试分数，尤其是小学阶段的数学考试分数，家长们又普遍对分数有着非常狂热的追求，因此许多家长病急乱投医，当这种"背平方表提分"的建议出现时，他们就误以为找到了灵丹妙药。

问题是，一个孩子如果两位数乘法经常出错，那很有可能是因为马虎，竖式计算经常看错抄错，或者九九乘法表没记住，或者竖式计算本身没掌握好，算理没搞清楚。这样的孩子，你让他去背这么庞大的平方表，他也一样会马虎，记混记错。

说到这里，不少家长肯定要问："既然背平方表不靠谱，那有什么性价比高的方法吗？"

不好意思，在小孩子学加减乘除计算这个问题上，没有什么捷径和灵丹妙药，所有的速算巧算方法适用范围都是非常狭隘的，老老实实学竖式计算才是正道。不仅如此，所有其他数学学习问题，都没有什么捷径，不论是培养数学兴趣，还是培养真正的数学能力，都需要一个长期的积累过程。

第六章

数学知识——充分理解还是直接记住会做题就好？

第一节 为什么负负得正？

在2016年《南方人物周刊》访谈栏目中，有我国著名科学家袁隆平的一段回忆：

"我最喜欢外语、地理、化学，最不喜欢数学，因为在学习正负数的时候，我搞不清为什么负负相乘得正数，就去问老师，老师说'你记住就行了'；学习几何时，对一个定理有疑义，去问老师，还是一样的回答。我由此得出结论，数学不讲理，于是就不再理会，对数学兴趣不大，成绩不好。"

其实，数学是最讲理的一门学科。负负得正，不是一个简单的规定，而是有非常充足的理由。

在《中小学数学要义》第10页中，我有讲到自然数的加法乘法关联着数轴的平移变换和伸长变换。在这个框架下可以很好地解释为什么负负得正。让数轴上所有整数同时乘以−1，这时：

…−4，−3，−2，−1，0，1，2，3，4…

分别变成：

…4，3，2，1，0，−1，−2，−3，−4…

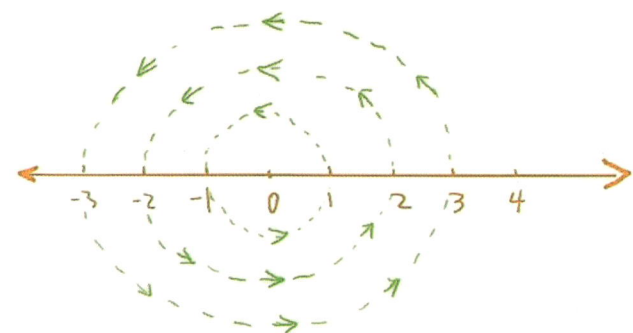

这就相当于整条数轴翻转180度。所以可以说，负负得正的几何意义就是数轴180°旋转变换！

还可以从运算定律的角度解释为什么负负得正，虽然引入了负数，但我们觉得运算定律应该继续成立。先给出下面这个明显成立的等式：

$$(1+(-1))\times(-1)=0\times(-1)=0$$

而如果分配律还会成立，上面等式的左边应该是：

$$1\times(-1)+(-1)\times(-1)=(-1)+(-1)\times(-1)$$

联立这两个等式就会得到：

$$(-1)+(-1)\times(-1)=0$$

所以$(-1)\times(-1)$必须等于1。

这两种解释都非常简洁优美，为什么不解释给孩子听呢？

第二节　思考、理解才是数学学习的正道

不仅仅是"负负得正"的知识，数学课本的一切数学知识，都不是简单规定，都有其内在的合理性和根源。

"为什么0表示什么都没有，却还有一个0？"

"为什么5+3等于8？"

"为什么数有无穷无尽？"

"为什么分数可以转化成有限小数或无限循环小数？"

"为什么面积等于长乘以宽？"

"为什么分数是这样乘除的？"

"为什么0不能做除数？"

……

所有这些问题都不是空穴来风，背后都隐藏着内在的合理性。

当孩子懂得主动问这些看似稀奇古怪的问题的时候，老师和家长一定要注意，这说明孩子爱思考，对数学有好奇心，这是非常宝贵的品质，家长一定要保护好孩子的这种好奇心，一定要尽量引导孩子去寻找答案，继续深入思考。倒不是说非要把答案完整超前地解释给孩子听，而是说这种自主思考的过程本身就非常重要。

就算你完全不知道这些问题的答案，也千万不能随便告诉孩子"这就是规定，记住就好了"。这是最忌讳的事情，这样做直接掐灭了学生的数学火花。如果这种事情多做几次，久而久之，孩子就会形成一种印象，以为数学知识大多是规定，接受就好了，就会像袁隆平小时候那样，对数学形成一种枯燥无味的印象。

这种对数学知识点不会思考、不求理解、直接接受的数学学习习惯一旦养成了，数学学习很快就走入死胡同了！

我发现现在就有许多数学老师对学生的要求是，记住数学知识，会用来做题就好了，这就是典型的填鸭式教学。这种做法在小学阶段还是可以维持的，因为小学数学的知识点并不多。但是到了初中，数学知识点就开始大幅增多，难度层次也陡然提升，再到高中知识量就开始急剧膨胀，知识深度也是前所未有，数学题型更是千变万化，这时的数学学习就要求学生能深刻理解数学知识，能关联不同的数学知识，甚至能类比不同的数学知识板块，做到触类旁通，这个时候单单靠记住知识点已经根本无法维持下去了。所以很多小学数学成绩优秀的学生到了中学，尤其是到了高中，数学成绩会一落千丈。

袁隆平是幸运的，他虽然因为这种低劣的数学教育而对数学毫无兴趣，但却在另一个领域开天辟地。但是，绝大部分孩子都不可能成为袁隆平，如果从小接受这种填鸭式的数学教育，那无疑是自绝一段前程。

有没有必要学小学奥数?

关于奥数，公众的误会实在太深了。绝大多数人都以为数学培优就是奥数，奥数就是很难的数学，高水平的数学，拔尖的数学，而事实根本不是如此。这一章我们专门讲小学奥数，本书后面还有一章会专门讲中学奥数。

第一节　小学奥数的前世今生

"小学奥数"这个名词在数学教育中根本就是不伦不类的，因为奥数一直都是指奥林匹克数学竞赛，是针对青少年，也就是针对中学生的数学解题竞赛。

其实，20世纪80年代之前根本就没有小学奥数这种玩意。20世纪80年代开始，全社会对奥运金牌、奥数金牌、围棋冠军都有着非常狂热的追捧，那个时代流行的口号是"奥运金牌从娃娃抓起""围棋从娃娃抓起""奥数从娃娃抓起"，最早的全国小学奥林匹克竞赛就是在这种环境下诞生的。当时就有一些著名数学家认为小学生应该以玩为主，不必要参加数学解题竞赛，但是这种理性的声音完全淹没在当时追捧金牌的狂潮之中。从那个时候开始，各种小学奥数竞赛："华杯""希望杯""迎春杯"，以及各种小学数学夏令营、冬令营层出不穷。

第二节　小学奥数的内容

　　其实奥数这个东西根本不适合"从娃娃抓起"，小学生刚刚接触各种数学概念，需要理解、揣摩，把抽象数学概念变成自己的观念，再学会运用。这是一个非常漫长的过程，孩子的智力、理解能力，都有一个成长过程，急不来的。所以这个年龄段的孩子根本不适合各种有一定强度的解题训练和竞赛。

　　小学奥数的内容虽然非常杂，但总体而言，都是一些固定类项的、有一定难度的数学课外题目。下面是更具体的分类。

　　小学奥数，首先包括各种五花八门的趣味数学题。本来用来给孩子玩乐的趣味数学题，变成了翻来覆去的训练题，趣味性就荡然无存了。

　　还有就是一大堆偏题、怪题、刁钻的难题，比如数列找规律题，五花八门的阴影面积题。这些题目纯属无聊，对后期学习也毫无帮助，根本不是能沉淀下来的数学学习基础。

　　另外还包括一些中学内容，或者中学竞赛内容的提前下放，比如一些计数组合题、数论题。这些内容对于小学生而言本来是非常超前的，那现在要提前学，怎么办呢？有一种办法就是拿结论直接用，比如被3整除、被9整除、被7整除、被11整除判别法，直接教小学生怎么用。这简直就是乱来。如果学生一旦养成直接使用结论而不问原理的坏习惯，那将会为后期的数学学习埋下失败的伏笔！因为中学数学学习，尤其是高中数学，非常深，非常抽象，全靠理解能力，而非记住结论的记忆力！

接下来我们要介绍小学奥数中最大的一个内容板块——应用题。

第三节　谈谈小学奥数中的应用题

我们先看看中小学数学教材中应用题内容的设置安排。教材首先从可以直接用加减乘除算术方法解答的简单应用题（仅需用一两步运算）开始，到简易方程解简单应用题，初中再过渡到一元一次方程解较难的应用题，再到用鸡兔同笼型问题引出二元、三元一次方程组解应用题，这是一套完整、精炼、循序渐进的知识体系，每一步都是后续的基础。

但小学奥数则是非常提前地引入（本该用一元一次方程解的）较复杂的应用题和更复杂的鸡兔同笼型问题。因为没有系统学过方程方法，所以小学奥数就引进了各种五花八门的算术方法，比如：和倍、和差、差倍、变倍、和差倍隐藏条件、复杂和差倍、假设法、假设法进阶、分组法、分组法进阶、假设分组综合提高、和差倍分组比较、盈亏、盈亏条件转化、复杂盈亏……

其实根本没必要浪费时间精力去学这一大堆玩意，等你后期学方程解应用题，只需一种方法，这类问题都能搞定，各种技巧通通消失殆尽！

在这一点上，一代数学教育大师、日本数学家远山启在他的数学教育改革之作《数学与生活2》中也发表了类似的观点（注意，龟鹤算就是日本版的鸡兔同笼问题）：

"自从绿封面教科书将龟鹤算问题列入教学内容后，日本的小学生就被迫开始做这类复杂的应用题了。藤泽利喜太郎在很早以前就警告过，不要在小学阶段教学生太难的应用题，可惜编写教科书的人无视了他的警告。在战后使用的教科书，比如黑封面教科书中就没有龟鹤算问题，但在黑封面之后的教科书中却逐渐出现了各种复杂的应用题。小学生解这些题很吃力，这也导致很多学生跟不上教学进度。有人认为这类应用题可以提高头脑的灵活度，但实质上它们起不到任何锻炼大脑的作用。"

"现在全世界可能只有日本的学生还在学习龟鹤算，而且这种趋势愈演愈烈，很多私立初中的入学试题里都会出现这类试题。虽然我认为公立小学的教学不应被私立初中的入学试题左右，但还是有很多公立小学只能被迫教授这些内容。此外，有不少小学的试题册的难度也在逐渐增大。与其在解这些难题上费时费力，还不如让学生尽早学习代数。只要教学方法得当，小学生完全能掌握代数知识。学生如果习惯了使用非代数的方法去解这种题，那么在升学后就很可能难以适应初中的数学学习。在遇到需要列方程式的应用题时，一定会有学生想方设法地不使用方程去解答，龟鹤算问题反而会成为初中生学习代数的'拦路虎'。"

和远山启一样，我也认为，这些鸡兔同笼算术方法的训练仅仅是一些低质量的技巧套路，并不能锻炼真正的思维，反倒是后期学的代数方法、方程方法能体现数学的简洁、优美，更能启发孩子。数学大师丘成桐在回顾自己的中小学数学学习时也谈及这一点，他的原话是：

"在小学学习的数学不能引起我的兴趣，除了简单的四则运算外，就是鸡兔同笼等问题，因此大部分时间花在看书和到山间田野去玩耍，背诵先父教导的古文和诗词，反而有益身心。在中学一年级开始学习线性方程，使我觉得兴奋。因为从前用公式解答鸡兔同笼问题，现在可以用线性方程来解答，不用记公式，而是做一些有挑战性的事情，让我觉得很兴奋，成绩也比小学的时候好。"

小学奥数的应用题还有一个非常大的缺点。

它们根本不顾及小学生的认知能力，谈什么贷款利率、利润率、年化收益、多次往返追击、环形行程、顺水逆水行舟、顺风逆风跑步、浓度问题、牛吃草……这些话题远远超出了孩子的认知范围，而且根本没有现实性。许多小学奥数解题宝典往往都是将应用题分门别类，然后直接总结好公式，学生直接按公式解题就好了！

比这些超越小孩子认知能力范围的应用题更奇葩的是，我发现许多小学奥数应用题已经开始插上想象力的翅膀，放飞自我了。

结果是，什么牛鬼蛇神、妖魔鬼怪都冒出来了：三脚猫、双头龙、四脚蛇、五条腿小怪兽、五脚猪、五脚蛇、九头鸟、九尾鸟、九角怪……比如下面这些例题。

独角兽的数量比九角怪的3倍多5只，且九角怪比独角兽的角数多91个，求九角怪有几只？

有独角兽、飞马和怪牛三种动物共20只。独角兽有4条腿和1只角，飞马有4条腿但没有角，怪牛有6条腿和2只角，三种动物一共有94条腿、19只角。请问：三种动物各有多少只？

一个奥特曼与一群小怪兽在战斗。已知奥特曼有一个头、两条腿，开始时每只小怪兽有两个头、五条腿。在战斗过程中有一部分小怪兽分身了，一只小怪兽分成了两只，分身后的每只小怪兽有一个头、六条腿（不能再次分身），某个时刻战场上一共有21个头，73条腿，那么这时共有_____只小怪兽。

所以，从应用题的设置就可以看出小学奥数纯粹就是为出题而出题，根本没考虑数学教育的内涵。

第四节　不学小学奥数，数学试卷的附加题不会做怎么办？

有家长曾经问过我这样一个问题：

"不学小学奥数，数学试卷的附加题不会做怎么办？"

不可否认，有不少小学数学试卷中的附加题正是小学奥数题。长期接受小学奥数培训的小学生，确实更有可能做出这些附加题。

你的孩子如果在没有接受小学奥数培训，也没有提示的情况下，自己做出这些附加题，这可能说明这个孩子比较机灵、聪明（但这还远远谈不上是真正的数学天赋，在本书第十三章我们还会谈及这个问题）。小学数学试卷设计附加题的初衷大概也是为了鼓励孩子思考、探索有难度的数学题。但是，如果你的孩子是靠小学奥数刷题训练或者奥数辅导培训做出这些附加题，这就不是探索了，就不能说明任何问题了，每个智力正常的孩子经过这种训练都可以做出这类附加题。这种小学奥数的训练本身没什么意义，也不会让你的孩子真正变聪明。

第五节 小学奥数适合学有余力的小学生？拓展数学兴趣只能靠奥数？

小学奥数老师和机构在招生时往往会宣称：

"小学奥数适合学有余力的小学生。"

"小学奥数适合成绩前5%的小学生。"

甚至有些更极端的观点直接把奥数和数学兴趣划等号：

"拓展数学兴趣只能靠奥数。"

"小学阶段，奥数是课外发展数学兴趣的唯一途径。"

但凡看过我公众号文章的家长读者都应该清楚，我推荐了大量的数学课外书，包括数学故事书、趣味数学书、数学历史书、数学名著、数学科普书，还推荐了许多数学游戏，这些都可以培养数学兴趣（这些内容在本书后面章节还会详细介绍）。把奥数说成课外发展数学兴趣的唯一途径，不是眼界狭隘，就是忽悠家长。

那么问题来了，小学奥数究竟适不适合学有余力的孩子呢？

其实可以这么看，我之前讲过多次，小学奥数中有相当一部分内容就是趣味数学。这些东西你能说一定适合学有余力的学生吗？每个学生都有自己独特的喜好和兴趣点。魔方只适合喜欢魔方的孩子，数字迷只适合喜欢数字迷的孩子，数独也只适合喜欢数独的孩子……

相比较成体系的小学课本内容，小学奥数和趣味数学一样都是属于边缘化、碎片化的知识内容，根本不是必要的。最好的办法就是让孩子可以充分接触，自主选择，喜欢刷题的就刷题，喜欢魔方七巧板的就玩魔方七巧板，喜欢24点计算游戏的就玩24点计算游戏，喜欢数独的就玩数独……

小学奥数充其量也只适合那些就喜欢做题、刷题的孩子。但是，比起那些更容易吸引孩子的数学玩具和数学游戏，有几个孩子会喜欢刷那些枯燥乏味的题目？

第六节　小学奥数能锻炼数学思维?

关于小学奥数，流传最广，也是最让广大家长深信不疑的说辞就是"小学奥数能锻炼数学思维"。

"学小学奥数的孩子思维都很不错，反应非常快。"

其实，去学小学奥数的小学生往往就是那些数学成绩较好的小学生，连机构招生时也宣称"小学奥数适合学有余力的小学生"，"小学奥数适合成绩前5%的小学生"。那些课内数学都学不扎实的小学生，有几个会去学小学奥数?

如果说学过小学奥数的孩子整体上比较聪明，数学能力较强，那是因为他们本来就比较聪明，本来数学能力就较强，绝非小学奥数有什么特殊功效，能让孩子变聪明。

接下来我们重点讨论"小学奥数能锻炼数学思维"的说法。

也不知道从什么时候开始，"数学思维"这四个字在数学教培行业大肆流行。你如果问家长，给孩子报数学班希望学到什么东西，家长往往会回答："希望老师不要灌输套路，多讲一些数学思维的东西。"

培训机构也会投其所好，宣扬我们开设的是"数学思维"课，讲的是真正的数学，是正宗的数学。

但是，恕我直言，大部分家长对数学的认识，至多还停留在数字加减乘除这个低端层次。这些家长一旦初次接触到小学奥数那些五花八门、千奇百怪的题目，很容易就被迷惑了，误以为这些东西很深、很难、很复杂，是真正的"数学思维"。

其实，真正属于数学思维层面的东西，真正能提升数学层次的东西，虽然也非常深刻，但往往也非常简洁，一目了然，根本不复杂。

如果家长想见识什么是真正的数学思维，可以了解一下平面几何的公理化体系，从简单的四五个公理出发，可以推导出所有的平面几何定理。这是抽象逻辑推导和几何直观的完美结合，这才是真正的数学思维！

也可以了解一下二元、三元一次方程组消元法是如何一劳永逸地解决所有五花八门的鸡兔同笼型问题，仅仅通过引入 x，y，z 这些未知量，就可以将大量看似毫无关系的问题转化为同一类项的数学问题。这是抽象代数运算的强大力量，非常简洁优美，这才是真正的数学思维！

有些人可能会说，平面几何和方程组那都是初中课本才学的，小学数学课本和小学校内老师教的内容太简单、太浅了，所以实在谈不上什么思维，只能搞小学奥数这种有些难度的内容。

那么小学数学课本和校内老师教的内容真的太简单、太浅了吗？

我们将在下一章深入讨论这个话题。

第七节　再谈鸡兔同笼型应用题

用二元一次方程组解鸡兔同笼型的应用题，这是初一下学期才学的内容。所以如果小学生要学鸡兔同笼型的应用题，那就只能用算术方法。

那么，小学生究竟有没有必要学用算术方法解鸡兔同笼型的应用题呢？

对于这个问题，一直争议很大，甚至连几套通用数学教材对鸡兔同笼型应用题的安排也不统一。人教版就将鸡兔同笼问题安排在四年级下的数学广角中，苏教版在六年级下册中有专门的章节讲鸡兔同笼型应用题，而在其他版本的数学教材中，我目前没发现有鸡兔同笼型应用题。

其实我已经在这本书的多个地方提及鸡兔同笼型应用题，我的观点是非常明确的，小学生不必学。因为这些内容很杂，什么和倍、差倍、假设法、对应法、分组法、画图法……这些都不是后期学方程方法的基础和前提，即使不学这些东西，也不妨碍你进行后面的学习。

但很多人有不同意见，其中一个非常具有代表性的意见是，小学生有必要学一些算术方法解鸡兔同笼型应用题，这样等后期学方程方法的时候就能更好地体会到方程方法的优越性，而且算术方法和方程方法也是有关联的。

这种观点确实有一定的道理，但是，拿这种观点作为小学生学鸡兔同笼型应用题的理由，又太牵强了。

举个简单的例子。现在普遍使用的计数方法是阿拉伯数字十进制计数方法，这种计数方法只用到10个阿拉伯数字0~9，其基本原则是逢十进一，原来的位数归零。

其实这套计数方法在欧洲完全普及也只有不到一千年的时间，在这之前，欧洲人用罗马数字计数已经有一千多年。那么现在的小学生，在学习阿拉伯数字十进制计数方法之前，要不要先系统学习罗马数字计数，以此来体会阿拉伯数字的巨大便捷性？

显然不必！

我再举个简单的例子。乘法的竖式计算大家都很熟悉，比如：

$$
\begin{array}{r}
1\,5 \\
\times\ 1\,3 \\
\hline
4\,5 \\
1\,5\quad \\
\hline
1\,9\,5
\end{array}
$$

但是，在这种方法被普遍采用之前，人类曾使用了五花八门的乘法计算方式。比如古埃及人，他们要计算就会先将15不断翻倍（古埃及人可能会使用翻倍的数据表，就像我们现在会使用九九乘法表一样）：

1	15
2	30
4	60
8	120

注意1，4，8可以凑成13，所以15×13就等于$15 + 60 + 120 = 195$。

那么，现在的小学生，在学习乘法竖式计算之前，要不要先学古埃及人的乘法算法，以此来体会乘法竖式的巨大便捷性？

同样没必要！

其实历史上，人类在知道方程方法解应用题之前，也曾使用五花八门的算术方法解鸡兔同笼型应用题。但现在的学生同样不必再去学这些算术方法了，因为后期的数学学习根本用不到，直接学方程方法就好了。

我经常建议中小学生在课外阅读一些数学史书籍，这样就能了解古人的各种计数方法，了解他们怎么做乘法计算，从而体会到我们教材中的阿拉伯数字十进制计数方法和竖式计算方法的优越性和便捷性，了解古人怎么解鸡兔同笼型问题，就能体会到方程方法是多么简洁优美。总之，简单了解一些数学史知识之后，你就会明白，数学教材中看似简单的数学知识，都是人类沉淀几千年的智慧结晶。这种简单了解不会花费很多时间，但对增进对数学知识的理解却大有裨益。

第八章

数学课本和校内的知识并不简单

小学家长为什么普遍青睐小学奥数呢？因为他们觉得小学奥数很难，知识点很多，而数学课本上的知识和校内老师教的知识太少、太简单了。很多培训老师也爱鼓吹：

"数学课本和校内老师教的内容太简单了，只是扫盲，要搞数学培优，还得学奥数。"

我在整本书中都会不停地强调："数学课本和校内老师教的内容才是数学体系的主干，才是基础和关键内容。"

在这一章中，我将通过几个典型例子告诉大家：其实数学课本和校内老师教的内容，绝不简单！这方面更多的例子和内容请参考《中小学数学要义》，这本书正是作为学校数学教材的内容解读和补充。

第一节　加法和乘法都很简单，但它们的类比却并不简单

小学学的加法和乘法运算，估计绝大多数人都觉得太简单了。但是如果将这两种运算做类比，你会发现真不简单。

在加法运算中0这个数非常独特，每个数和0相加都不会变；同样，在乘法运算中1这个数也非常独特，每个数和1相乘也都不会变。加法有交换律、结合律，乘法同样也有交换律、结合律。

是不是感觉这些知识太简单了，大家都知道啊！

在装有 3 个球的筐中放入 6 个球就变成 9 个球，从这一类经验中就可以抽象出加法运算 3 + 6 = 9。如果在已经变成 9 个球的筐中拿出之前放入的 6 个球，就剩下 3 个球，这就回到了最初的状态，仿佛是时光倒流。这个过程抽象出来就是 9 − 6 = 3。

所以减法可以看成是加法的逆过程，仿佛时光倒流。

乘法与除法也一样，给你 6 个篮子，每个篮子中有 7 个苹果，如果你把这些篮子中的苹果全部倒到一个空筐中，这时筐中就会有 7 × 6 = 42 个苹果。再将筐中的 42 个苹果平均分到 6 个篮子中，那每个篮子中就有 42 ÷ 6 = 7 个苹果，又回到了原先的状态了。

所以除法可以看成是乘法的逆过程，仿佛时光倒流。

是不是感觉这些知识还是很简单？

数学上真正重要和核心的东西，往往都很简单。

当除法 2 ÷ 5 做不下去的时候，我们就引入分数 $\frac{2}{5}$；当减法 9 − 10 做不下去的时候，我们就引入负数 −1，将数的范围扩充为有理数。分数有乘除运算法则，有理数也有加减运算法则。

上面关于加法和乘法的看似简单的类比，可以继续扩充为分数乘除运算法则和有理数加减运算法则的庞大类比。在《中小学数学要义》中，我们将这个庞大的类比归纳为下面这个表格：

$2 \div 5 = ?$ 引入分数 $\frac{2}{5}$	$9 - 10 = ?$ 引入有理数 $[9 \to 10]$
分母分子同时乘以或除以同一个非零自然数，分数本身并没有改变	前部后部同时加上或减去同一个数，有理数本身并没有改变
分数相乘，分母相乘作为新的分母，分子相乘作为新的分子	有理数相加，前部相加作为新的前部，后部相加作为新的后部

续表

分子分母调换形成倒数	前部后部调换形成相反数
分数乘上它的倒数总是等于1	有理数加上它的相反数总是等于0
倒数的乘积等于乘积的倒数	相反数的和等于和的相反数
分数除法定义为乘以倒数	有理数减法定义为加上相反数

到了这里，你才会发现，这种类比非常醒目，富有启发性。

第二节　数轴很简单，一旦和运算关联之后却非常神奇

初一的数学课本才开始正式引入数轴的概念，但许多小学老师都会给学生介绍数轴的概念。数轴这个概念看似非常简单，但是如果你从数轴的角度来看加法、乘法运算，你会发现数轴真不简单。把所有自然数都加2，这时，0变成2，2变成4，4变成6……这相当于把整条数轴向右平移2。

如果把所有自然数都乘以2，那么0保持不变，2变成4，4变成8……这相当于保持原点不动，把整条数轴均匀地伸长2倍。

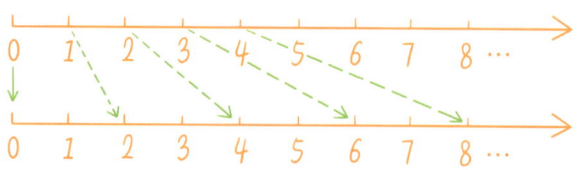

引入负数后，数轴可以扩充为一条直线。

如果让数轴上所有整数同时乘以–1，这时：

…–4，–3，–2，–1，0，1，2，3，4…

分别变成：

…4，3，2，1，0，–1，–2，–3，–4…

这就相当于整条数轴翻转180度。

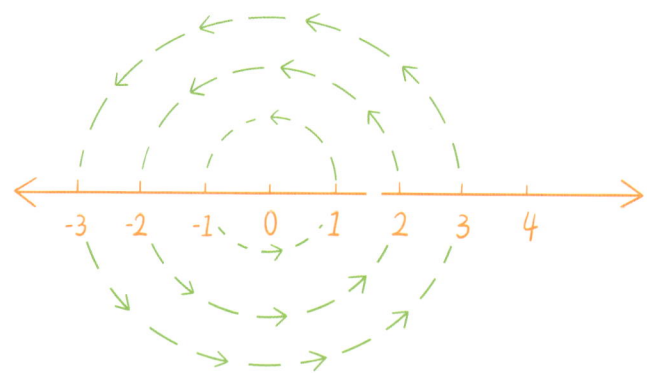

所以你会发现数的加减乘除运算通过数轴，关联着直线的左右平移变换、伸缩变换、绕原点180°旋转变换！

引入平面坐标和有序实数对、平面向量和复数之后，平面上的点，与有序实数对、平面向量、平面的平移变换、复数完全一一对应了。

这时，复数的加减乘除运算通过坐标平面，关联着平面的各个方向平移变换、伸缩变换、绕原点的旋转变换，复数的共轭运算关联着平面绕 x 轴的翻转变换。

如果用一句话概括这套宏伟思想，那就是：

各种数的运算通过数轴、坐标，关联着几何（直线、平面）的变换。

说得更精炼一些，就是：

数轴和坐标是横跨算术世界和几何世界的桥梁。

如此宏伟的一整套数学思想，起点就是一根看似简单的数轴。这时候，你还会觉得数轴这个概念简单吗？

下面是《中小学数学要义》中针对数轴与运算关联的两道习题：

数轴的一个平移变换，把 5 变换为 8，那么它会把 1 变换为哪个数，又会把哪个数变换为 12？

数轴的一个保持原点不动的均匀伸长变换，把 4 变换为 12，那么它会把 3 变换为哪个数，又会把哪个数变换为 6？

是不是很简单？

非常简单，一般孩子都会做。

很多家长经常抱怨课本中的习题很简单，孩子吃不饱。其实中小学阶段的数学学习，重点绝不仅仅是做题，更是理解、领悟数学概念和数学原理，洞察知识点之间的关联，习题只是用来巩固你对各种数学概念知识的理解和领悟。

第三节　四个简单的面积公式

　　小学数学试卷中有不少区分长方形、平行四边形、三角形、梯形的题目，对这四种四边形的关联却强调不多。

　　但这其实是一个关键点。

　　大家都知道，长方形、平行四边形、三角形和梯形都有各种面积公式，小学数学中有许多题目会考查这些面积公式的使用，到了小学奥数中，还会有各种五花八门的阴影面积题。很多老师学生可能都会认为这四个面积公式是很简单的，如何用于做题才是关键。

　　其实这四个面积公式之间就有密切的关联。

　　注意，当梯形上底不断缩短并逼近0，上底的两个顶点不断接近并最终重合时，梯形会变成三角形，这时梯形面积公式退化为三角形面积公式；当梯形上底不断逼近下底，两条本来延伸会相交的腰线不断接近平行时，梯形会变成一个平行四边形，这时梯形面积公式退化为平行四边形面积公式；平行四边形内角逼近90°时就变成长方形，这时平行四边形面积公式退化为长方形面积公式。

　　这种变化、退化的观点至关重要，会在以后的中学几何学习中大放光彩。

　　在这里，这种观点已经牛刀小试了，所谓的四个面积公式，本质上只有一个，就是梯形面积公式，其他三个公式都是梯形面积公式的特殊化、退化。

这也是一个非常典型的例子，说明数学课本中的知识点并不是孤立的，也不是仅仅会用于做题就可以了，对知识点的梳理，探求知识点之间的关联，可以做到把书读"薄"，有助于更好地理解和把握数学的核心知识体系。

第四节　树叶面积估算实验背后的深刻数学理论

通过长方形、平行四边形、三角形、梯形等规则图形所理解的面积概念是非常有限的，因为绝大多数平面图形是不规则的。如何理解不规则图形的面积呢？

其实，人教版数学教材中就有一个绝好的实验习题：用网格纸估算树叶面积。

5　右图中每个小方格的面积是 1 cm²，请你估计这片叶子的面积。

1 cm

阅读与理解

知道了……
要解决的问题是……

这片叶子的形状不规则，怎么估计它的面积呢？

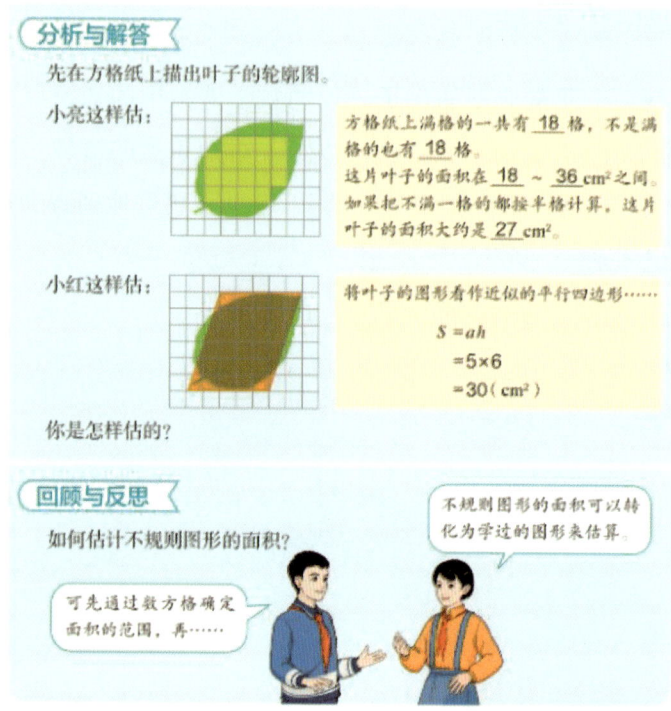

分析与解答

先在方格纸上描出叶子的轮廓图。

小亮这样估:

方格纸上满格的一共有 <u>18</u> 格,不是满格的也有 <u>18</u> 格。
这片叶子的面积在 <u>18</u> ~ <u>36</u> cm² 之间。
如果把不满一格的都按半格计算,这片叶子的面积大约是 <u>27</u> cm²。

小红这样估:

将叶子的图形看作近似的平行四边形……

$S = ah$
$= 5 \times 6$
$= 30 (cm^2)$

你是怎样估的?

回顾与反思

如何估计不规则图形的面积?

可先通过数方格确定面积的范围,再……

不规则图形的面积可以转化为学过的图形来估算。

　　我强烈建议所有小学生都要动手操作这个实验,家长可以在电脑上打印带格子的 A4 纸,2 厘米边长,1 厘米边长,0.5 厘米边长的各打印一张,多次用不同精度网格纸估算树叶的面积。

　　这个数学实验看似非常简单,但却暗含了一种非常深刻的数学思想——穷竭法。所谓穷竭法,简单来说就是用许多规则图形(比如三角形、正方形)不断地逼近不规则的几何图形。

　　小学几何内容中除了这个数学实验外,在圆的面积公式推导和圆柱的体积公式推导中都用到了最简单的穷竭法。

在硬纸上画一个圆，把圆分成若干（偶数）等份，剪开后，用这些近似于等腰三角形的小纸片拼一拼，你能发现什么？

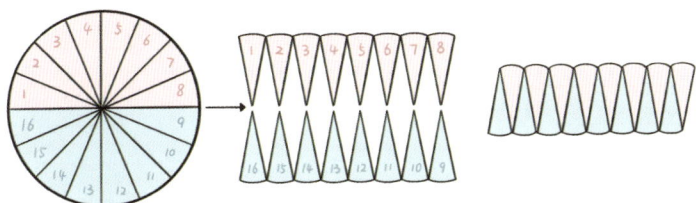

分的份数越多，每一份就会越小，拼成的图形就会越接近一个长方形。

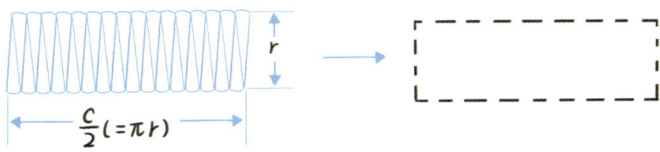

把圆柱的底面分成许多相等的扇形。把圆柱切开，再像这样拼起来，得到一个近似的长方体。

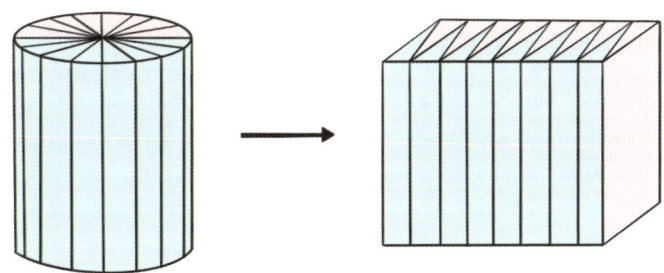

小学生要好好理解和领悟这种最简单的穷竭法推导。除此之外，我认为还有一个穷竭法案例也非常适合小学生学习，那就是平行四边形面积公式的推导，这比圆面积公式的推导更简单。

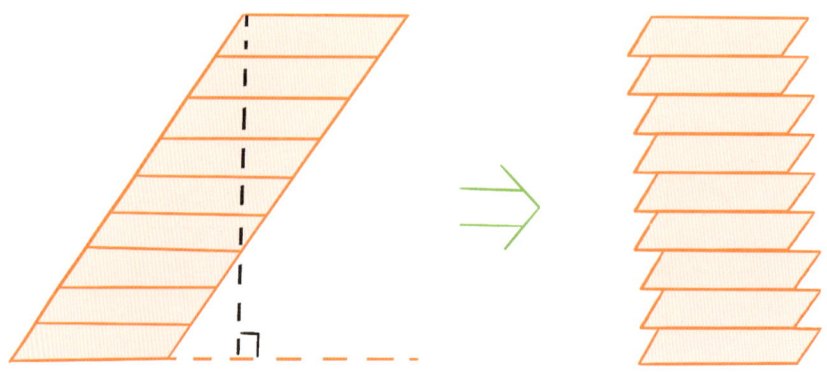

注意，这种非常倾斜的平行四边形，只用一次割补已经不能拼出同底等高的长方形了（这个案例更详细的说明请参考《中小学数学要义》第73～74页）。

穷竭法首先是用许多规则图形逼近不规则图形，其次是将这些规则图形面积或体积求和，而穷竭法的另一个至关重要的启示就是求面积体积与求和的类比。

高中学了等差数列求和之后你就会发现，等差数列求和公式推导和梯形面积公式推导非常类似，有异曲同工之妙，连公式本身都非常类似。

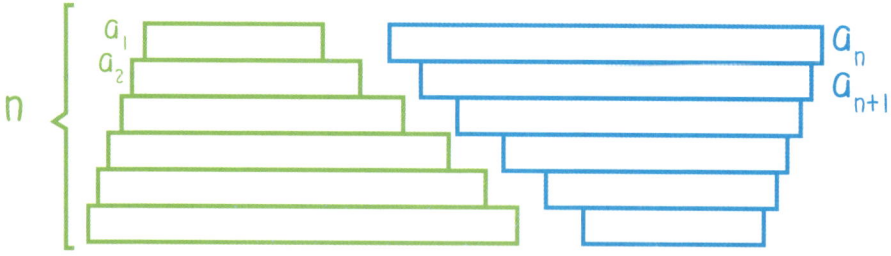

再往后的平方数列求和公式，对应的就是锥体、球体的体积公式了。小学高年级是通过倒水实验的方法，知道圆锥体积等于同底等高圆柱体体积的1/3。其实运用平方数列求和公式和穷竭法，可以非常漂

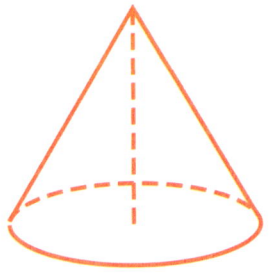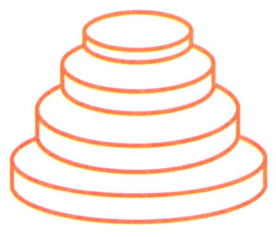

亮地推导出来锥体体积公式（关于求面积体积与求和的类比，以及穷竭法的更多内容，请参考《中小学数学要义》第十章第二节和第三节）。

所以穷竭法关联着中小学数学体系中大量的核心数学概念和知识点，是初等数学的一座巅峰。穷竭法的思想，已经非常接近微积分中的积分理论了，而如此高深的数学思想，居然就藏在用网格纸估算树叶面积的简单实验中。

第五节 数学课本和校内的知识并不简单

除了以上的例子外，五大运算定律也是一个非常典型的例子。虽然在小学数学教材中有专门的章节讲五大运算定律，但连很多小学数学老师也都没有意识到其重要性，因为讲不讲五大运算定律都不影响小学阶段的数学做题。其实数学中的各种运算法则，包括分数的乘除法则、负负得正法则、去括号法则，背后的原理都是五大运算定律。到了中学，五大运算定律将闪闪发光，辐射整个中学数学体系。

讲这么多例子，是希望读者能够明白，数学教材和校内老师教的知识点看似很简单，但如果去探求这些知识点之间的关联，去深究这些知识点背后的原理，你会发现这里面大有乾坤。

数学教材没有肤浅深刻之分，读数学教材的人才有肤浅深刻之分。数学见识肤浅的人，他看数学教材自然觉得肤浅。真正的高手，却能从数学教材中看出许多深意。

我写《中小学数学要义》的一大目的，就是将其作为数学教材的补充和注释，解读数学教材的主体知识，希望让普通读者也能领悟数学教材的知识点之间的关联类比以及背后的原理和底层逻辑——这些隐藏的东西是绝大部分人看不到的。

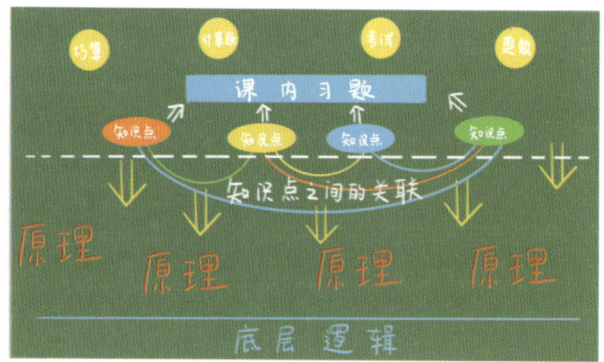

希望这幅图能有助于读者理解这一章的中心思想，其中白色虚线之上的区域代表绝大多数人都能看到的部分，白色虚线下面是绝大多数人都看不到的隐藏部分。

第九章

数学教育的大局观

第一节 为什么要谈数学教育的大局观？

为什么要谈数学教育的大局观呢？

因为对于初学者而言，数学学习是一个非常漫长的过程。所有中小学生都要学数学，甚至升入大学之后，所有理工科学生都要学高等数学，考研都要考高等数学，数学学习很可能伴随着一个人从小学到研究生的整个学习生涯。

一个孩子需要靠什么东西支撑，才能顺利地走完这么漫长的数学学习历程呢？毫无疑问，应该是靠非常内在的动力，比如对数学的兴趣、喜好，以及对数学新知识的向往和好奇心。

所以，在孩子接受数学教育的初始阶段，比如小学阶段，最首要最核心的问题是如何保护孩子的好奇心，如何培养孩子对数学的兴趣，如何引导孩子喜欢上数学。这也是我不断提倡数学课外阅读的原因。

我看到现在很多家长，在小学二、三年级，甚至在学前，就开始迫不及待地让孩子刷各种数学题，尤其是小学奥数的那些偏题难题，而这样做的目的，仅仅是为了让孩子在学校数学考试或者小升初等各种选拔考试中胜出。

在我看来，这是典型的杀鸡取卵，这样的教育眼界是典型的鼠目寸光。在孩子刚刚接触数学不久的阶段就大量刷题，这非但不能激发孩子对数学的兴趣，反而向孩子展示了数学最枯燥无聊的一面。按照这种方式培养的孩子，进入初中后是很难再对数学提起兴趣的，甚至会讨厌和害怕数学。一旦如此，那么学习数学将是一件又苦又累的事情。更可怕的是，你不得不学，因为前面讲过了，数学学习是非常漫长的历程。相信有不少家长自己也有过这种学习经历。

第二节　数学教育的目的是什么？

不少数学老师、数学自媒体和许多家长都持这样一种典型的观点：

"绝大部分孩子都是普通的，还是要随大流，走常规'鸡娃'路线，升学要紧。走数学兴趣路线，培养数学家只适合极少数有数学天赋的孩子。"

这种观点看似很现实，其实本身是非常混乱的。它把对数学的兴趣和数学天赋直接挂钩了，而且简单粗暴地把孩子分为两种：有数学天赋——牛娃，没有数学天赋——普娃。被贴上"普娃"标签的孩子，甚至连培养数学兴趣都没必要了。

这种观点之所以会在家长群体中流行，主要是因为大部分家长对数学这门学科和数学教育都缺乏最基本的认知。

我们先来考虑一个最基本的问题：

为什么所有的中小学生都要学数学，国内国外都是如此？中小学阶段要学数学，升入大学后，理工科专业为什么还要学高等数学，考研为什么还要考数学？

为什么人类现代教育体系会把数学摆在最核心、最基础的位置？

为什么？

因为数学代表着人类知识体系中最精炼、最普适的知识，是人类文明的底蕴。数量关系的理解把握能力，直观的空间想象能力，抽象概括能力，逻辑推理能力……这些都是一个人为人处世，认知感受世界，理解处理各种问题最基本的能力。

中小学生为什么要学语文，因为这是我们国家通用的语言和文字；中小学生为什么要学英语，因为这是全球通用的语言和文字；中小学生为什么要学数学，因为数学是全宇宙通用的语言，连天文学家都试图用数学信号和外星人联系，外星人不懂英语或中文，甚至可能都不需要吃饭，但是，我们相信外星人一定懂得数学。

我们常常把一个不识字的人称为文盲，其实很多不识字的人是很聪明的，对很多事情的见解都非常深刻。在我看来，没有抽象概括能力，不懂得举一反三，逻辑混乱的人才是真正的文盲，因为这些人缺乏最基本的数学能力。

所以数学教育的目的，绝不是培养少数数学家，而是为所有孩子培养这些最基本的数学能力，而这些能力是伴随孩子一生的财富。

很多人喜欢问这样一个问题："数学有什么用，为什么要学这么多年数学？"

首先，数学本身是非常实用的，数学几乎可以应用到现实中的所有地方；其次，除了实用外，数学还代表着一种可以品味与鉴赏的美学文化，关于这一点我们会在后文中详细说明；最后，数学能力也是最基本的学习能力，数学学得很优秀的孩子，往往在其他方面也会表现出非常强的学习能力。

和语言文字的听说读写能力一样，真正的数学能力，有一部分是与生俱来的，我们称之为数学天赋，所以数学天赋不是什么神秘的东西，不是有或者没有的问题，而是多与少的问题。对每一个孩子而言，数学能力都是可以后天培养的，这就是数学教育的目的。

第三节　专攻解题并非数学学习的捷径

但是，在目前应试教育的环境下，上面提到的这些基本的数学能力，通通都被压缩成一种能力——解题能力。也难怪这么多家长会投机取巧，热衷于让孩子刷题。只要会解题，考试自然过关，至于什么数学能力、兴趣爱好都是浮云了。

这看上去好像确实是一条捷径。然而，大家注意到没有，在你们周围就大量存在着这些现象：一个在小学每次数学考试成绩都非常优异的孩子，到了初中之后，数学成绩立刻出现断崖式下降，再也上不来了；一个在初中数学成绩一直很优秀的孩子，接触到高中那些更为抽象的数学知识却倍感吃力，数学成绩一落千丈；同样是两个数学竞赛优胜者，进入大学数学专业后，其中一个人可以在数学专业课学习上轻松自如、游刃有余，而另一个人不管花多少时间，多努力刻苦，在专业学习上都远远落后。

如何解释这类现象呢？

我认为关键在于解题能力不能和真正的数学能力划等号。解题能力可以靠各种套路培训，可以靠大量刷题刷出来，但是要培养真正的数学能力就不能靠这些"歪门邪道"了。很多数学成绩优异的中小学生，比起解题能力，他们真正的数学能力是非常滞后的。

从小学的加减乘除到初中的平面几何的严格证明训练，再到高中的抽象的集合、函数等概念，再到大学高等数学的$\varepsilon-\delta$语言、极限、连续等概念，每次升学后，数学课程内容的转变，不论在抽象程度上还是在思维层次上，都是巨大的提升，这时真正的数学能力的滞后就很容易暴露出来。

第四节　培养对数学的兴趣

在这里要提醒各位家长，在数学教育的道路上，根本没有什么投机取巧的捷径。每个孩子的数学学习都是非常漫长的过程，考验的是孩子真正的数学能力，考验的是老师、家长对数学教育的大局观。数学能力、数学兴趣的培养也绝非一朝一夕的事情，需要长年累月的引导与熏陶。

在孩子刚刚接触数学不久的小学阶段，培养数学兴趣尤为重要，孩子对数学的第一印象都是在这个阶段决定的。我们常常说小学阶段是打基础的阶段，基础要打牢固。但是数学这门学科和语文、英语不一样，数学是最强调兴趣的，可以说，对数学的兴趣就是数学学习最大的基础。当一个孩子对数学产生了浓浓的兴趣，对新的数学知识十分向往的时候，他的数学学习将一日千里，远远超过其他学生，至于数学考试得高分，那都只是附带的。

希望家长多将精力放在引导孩子对数学的兴趣上，让孩子主动积极地学习数学。

看到这里，可能有不少家长会问：

"我该如何培养孩子对数学的兴趣？具体该怎么做？"

这正是我们下一章要讲的内容。

第十章

家长能为孩子的数学学习做什么？

第一节 直接辅导孩子数学的做法并不可取

从小学一年级开始，孩子的数学教育就是在学校由数学老师来承担的。现在的每位中小学数学老师，在他们当老师之前都已经接受了整整四年或更长时间的数学专业训练，这期间他们还需要学习数学教育课程和教育心理学课程，在正式当老师之前，他们还要经历一次教师资格考试，以及各种教学实习。正是因为有这些专业的背景和资格，他们才能够胜任中小学数学的教学任务。

反观现在的许多家长，既没有数学专业知识，也不懂教育规律、儿童心理，甚至不少家长的数学还停留在小学水平，却非常热衷于直接插手孩子的数学学业。有的家长每天亲自辅导孩子数学作业，或者辅导孩子刷各种小学奥数宝典；有的家长每周让孩子做一套数学试卷；还有的家长则开始规划安排孩子提前自学高年级的数学课程；甚至还有些家长赤膊上阵直接教孩子高年级的数学知识……

专业的事情要交给专业的人。教数学知识、规划数学学业这些是非常专业的事情，只有经过多年专业训练的中小学数学老师才有资格，普通的家长根本没有资格做这些事情。如果强行这么做，往往只会误导孩子的数学学习。

很多家长也怕误导孩子，所以会加入一些家长群，关注一些数学教育自媒体，希望能得到一些辅导孩子数学的"灵丹妙药"。但是网络上各种信息鱼龙混杂，家长又没有基本的辨识能力，很容易被一些低端的数学教育宣传误导。比如不少家长就是听信了一些粉丝众多的数学教育博主的建议，才让孩子去刷各种小学奥数宝典，或者让孩子背诵一百以内的数的平方表，殊不知这纯属浪费时间。

如果家长非要辅导孩子数学，非要替孩子规划数学学业，那么在做这些事情之前，请先对数学有更深入的了解，请先提升自己的数学层次。

我撰写《中小学数学要义》一个很大的目的，就是希望家长通过这本书深入了解数学，提升自己的数学层次。家长对数学了解得越深入，就能避开越多数学教育的陷阱。一旦你的数学水平提升到了一定的层次，再回头看，你会发现，之前那些看似很厉害的巧算速算、小学奥数、刷题宝典……都只是泡沫而已。

我举个简单的例子：小学应用题！

应用题，顾名思义，就是要让孩子把学校学的加减乘除运算应用到现实生活中，理解加减乘除运算的原理。我看几个通用的校内数学教材中的应用题，在这一点上大致还是比较靠谱的。但是，一到了小学奥数中，应用题真的是彻底放飞自我了（详情请参见本书第七章）。

这里不得不提著名的鸡兔同笼问题，这种问题也没什么应用的意味，在现实生活中，鸡和兔几乎不会被关进同一个笼子，也没人会去数鸡和兔的脚的总数。虽然没有应用意味，但这类题目在数学教育中还是有非常关键的地位，这类题目可以用于引入二元一次方程组。方程和方程组这些概念的重要性无论如何强调都不过分，因为方程关联着多项式、函数，以及各种几何对象（直线、平面、圆锥曲线等），后期的数系扩充，比如引入 $\sqrt{2}$，引入虚数 i，也都需要用到方程，实际上方程是整个数学体系的根基。

所以，就重要性而言，方程方法解应用题比这些应用题本身要重要多了，而方程概念本身又比方程方法解应用题要重要多了。

我总结一下：

1.简单的应用题是为了让孩子把学校学的加减乘除运算应用到现实生活中，理解加减乘除运算的算理。

2.稍微复杂的应用题，比如鸡兔同笼问题，其主要的数学教育意义是引入方程组概念。方程和代数体系一旦完全涌入的时候，这些应用题慢慢地就被抛弃了。

3.至于小学奥数中那些更复杂的应用题，已经彻底远离数学体系的枝干，成为犄角旮旯的东西，没什么数学教育意义了。

要有这种见识，就需要你对数学体系有一定的深入了解，数学水平要达到一定的层次。

至于普通的家长，你跟他说小学奥数没必要学，哪怕摆出再多道理，喊破喉咙，他也听不懂，搞不好还会觉得你哗众取宠。

如果自身数学层次不高的话，就不要居高临下地辅导孩子数学，或者替孩子规划数学学业。更靠谱的做法是，在数学学习面前把自己摆在和孩子同等的地位，和孩子一起学数学，一起讨论数学，你很快就会发现，孩子的数学见识并不比你差。

我为什么认为这种做法更靠谱呢？

还有一个很重要的原因是从教育学角度来看，一起探讨数学知识，无疑比被人居高临下地教授数学，更能激发孩子的自主学习意愿和对数学的兴趣。

还有另一种方法也非常值得尝试，那就是你假装数学水平不如孩子，然后让孩子把在学校课堂里学到的数学知识讲解给你听。

对于数学知识，孩子可能认为自己已经学懂了，完全掌握了，但一旦要求他把这些知识完整地表述和讲解出来，这又是一种更高的要求，需要对相关的数学知识有更深刻的领悟。所以让孩子把学到的知识完整地讲解出来，这其实是一种非常高效的学习方法。（我的孩子数学成绩还算不错，我就经常告诉他："你要多帮助那些数学学习不如你的同学，帮他们讲解他们听不懂、学不会的地方。"）

但这两种做法都需要家长有耐心，有充裕的时间，对数学也有自主学习的意愿，懂得如何引导孩子讨论或者讲解数学。如果条件不允许的话，还是把孩子的数学学业放心地托付给学校数学老师吧。

第二节　成年人也可以学好数学

不少家长可能认为自己年纪很大，重新开始学数学几乎不可能。其实这是一个误解。数学的大门对所有人都是敞开的，即使你已经成年了，年纪很大了，甚至把以前所学的数学知识都忘光了，你依然可以重新开始学数学。任何时候开始学数学都不算晚，只要你对数学还保持着一颗好奇心和一份向往。

成年人自学数学和中小学生学习数学没多大区别，也是建议使用中小学数学教材，其中最推荐人教版数学教材。本书关于数学学习的所有建议也都适用于成年人自学数学。如果觉得自学数学比较吃力，可以登录国家中小学智慧教育平台的网站，上面有和各种通用数学教材配套的在线数学课程。

成年人自学数学有个优势，那就是没有考试和升学的压力，所以不必大量刷题，只需吃透教材，认真做完教材的习题即可。同样是因为没有考试和升学的压力，成年人如果自学完中学数学教材的内容，就可以直接开始学习高等数学。我在本书后面会讲到，学习高等数学并不需要太多初等数学知识，教材中的内容就绰绰有余了。

第三节　面对数学差生，家长能做什么？

我发现，确实有很大一部分孩子，从小学开始，就对数学知识的理解反应很慢，对数学的抽象性感到难以理解，很难适应数学的抽象思维，而且越往后学数学越费劲，最后沦为数学差生。

除了这一部分数学差生外，还有一部分孩子，从小学一开始，就在数学上表现得很不错，对各种数学问题反应非常敏捷，数学思维很强。

许多老师、家长开始把这种数学学习的分化现象归结为数学天赋，认为数学差生天生缺乏数学天赋，不具备数学思维。这其实是大错特错了，我认为在这里面数学天赋所占的因素很小。

现代人类学家和原始部落的人接触后，发现他们很难学会我们文明社会习以为常的自然数和加减乘除的概念，他们根本无法习惯这种我们现代人看起来非常普通的数和运算的思维。这些原始部落的人也有表达数的语言词汇，但是他们口中的数必须和实物相连，他们根本无法想象离开实物的抽象的数。他们会提出类似下面这样的质疑：

5什么啊？到底是5棵树，还是5只兔子，还是5条鱼？请先说清楚，不然我们没法继续交流！

刚上小学，刚接触数学的小学生，他们的思维在数学学习方面和原始部落的人的思维是非常相似的。所以，这些小学生刚开始接触数学表现出来的不适应，是非常正常的现象。

前面说到面对数学教育，一开始学生群体所产生的分化现象其实是很好理解的。这里当然有些后天的因素，比如每个孩子学前接受的教育和成长环境都不一样。不过，我认为更主要的是先天因素，有些孩子在数学方面的心智会早熟，有些孩子会晚熟，就像有些孩子会早说话，有些孩子会晚走路一样。

有些人经常抱怨，小学数学就那么点东西，有必要学6年吗？对于现代社会的成年人来说，这点东西是很简单，但是，对于刚上小学，刚开始接触数学的孩子，尤其是那些在数学方面心智晚熟的孩子而言，他们就是要花很长的时间才能逐渐适应这种非常抽象、非常精练的数学语言和数学思维。

所以，在小学阶段，孩子数学学习的节奏一定要缓慢、轻松、有趣，最忌讳急功近利地赶进度和竞争。

但是，现实却并非如此。很多时候，老师和家长有意无意的评价，作业的完成情况，考试分数，同学的对比……所有这些因素，都有可能对那些在数学方面心智晚熟的孩子产生负面影响，使他们对数学产生各种不好的印象，比如数学太难了，数学太枯燥了，我的数学太差了，等等。时间久了之后，孩子对数学的不好印象还有可能会进一步固化，渐渐地对数学产生抵触和封闭的心理。你注意到没有，我们身边就有不少这样的孩子，从小就学不好数学，到后面越学越差，越学越费劲，各种补习，哪怕自己也开始努力学，都无济于事。

这些年，针对公立小学出台了不少进步的教育政策，比如考试不公布分数，只分级，最低一级不写"不及格"，写"待进步"之类的，再比如低年级不布置书面作业。这些政策确实可以避免不少对数学差生的负面影响。

但是，学校、家庭中对数学差生的各种负面影响仍然普遍存在。举个例子，很多数学老师经常会表扬数学成绩良好或者优秀的孩子，这在大多数人看来是天经地义的，我也绝不是去批评这种行为。但是，这样久了，那些数学差生天天看在眼里，很有可能就会固化他们对数学的不好印象。

其实，更需要表扬和鼓励的，正是那些数学差生。表扬学习好的学生很容易，但如何发现这些数学差生哪怕最微不足道的进步，并对其加以鼓励、表扬，才是非常考验一个数学老师的。每个老师都喜欢学习好的学生，但是，我始终认为，对差生的态度，最能反映一个老师的良知。

不过，说实话，一个班级五六十个学生，老师很难照顾到所有人。所以，对那些数学方面心智晚熟的孩子而言，家庭因素就显得非常重要。

很多家长，看到孩子的数学学习一开始就偏差，不如其他孩子，对数学没什么信心，他就会着急，就会有些本能的做法，比如亲自上阵辅导，为孩子查漏补缺，或者给孩子布置许多习题训练，为孩子找辅导老师，等等。

这类做法可能会有一些短期的效果，但也可能会有一个严重的弊端，那就是给孩子暗示：

"你的数学已经很差了，需要补救。"

"你在数学上不如其他孩子聪明，所以要比其他孩子更加努力。"

这些暗示，在心智较为成熟的中学生那里，可能会成为一种鼓励或者友好的提醒。但是，对于刚刚接触数学不久的小学生而言，很有可能就会是负面影响，会固化他们对数学已有的不好印象。

所以，对于那些在数学方面心智晚熟的孩子，那些已经对数学产生各种不好印象的孩子，最迫切的，绝不是各种补课报班和查漏补缺，而是要渐渐树立他对数学学习的信心，并且渐渐改变他对数学的不好印象。

那么，该如何树立孩子对数学学习的信心呢？最直接有效的办法就是表扬、鼓励。做父母的一定要善于观察，发现孩子在数学学习上哪怕一丁点儿的、极为微小的进步，都可以将其放大，然后狠狠地表扬。哪怕孩子在数学学习上没有任何进步，你也可以制造、渲染他进步的假象，然后表扬他，鼓励他。

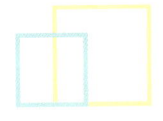

第四节　抛开课本和习题，和孩子一起实践数学

第一节讲过，如果家长对数学教育完全不了解的话，建议不要直接插手孩子的数学学业，直接将其托付给学校数学老师。那家长还能为孩子的数学学习做些什么呢？

如果说数学老师承担了学校教育，那么家长就是家庭教育的主角。在家庭教育的框架内，家长也可以为孩子的数学学习做不少事情。

在初中和小学数学中，几乎所有的概念都是直接来源于现实经验。我举个简单的例子，小学和初中数学课本中都会提到一个关于圆的简单知识：

圆上每个点到圆心的距离（半径）都相等。

这个知识虽然很简单，在涉及圆的几何解题中往往非常基本、非常关键，但它根本没有什么现实生活的痕迹了。接下来我要说说远在非洲的莫桑比克渔民制作鱼干的事情。

莫桑比克渔民制作鱼干时，会先在地上插一个木棍，接着用一条绳子一端系着固定好的木棍，旋转绳子，让其另一端在地面上画出一个圆。

然后他们把许多鱼铺在画好的圆周上，在原先插木棍的地方——也就是圆心的位置——点火。这样能确保铺上的鱼被同时烤干。

为什么呢？

因为所有鱼到火的距离（圆上每个点到圆心的距离）都是相等的。

数学知识的最原始面貌往往都是如此，沾满现实的痕迹。所以在中小学尤其是小学阶段，应该强调数学知识的现实来源，而不是让孩子接触太抽象、太精炼、太脱离现实的数学知识，尤其是那些超出孩子认知能力的数学知识，否则，孩子就会感觉数学太抽象，甚至会认为数学很枯燥，产生厌恶情绪。所以家长在日常生活中，引导孩子发现生活中、自然界中的数学，无疑是对学校数学教育非常有益的补充。

比如在计算这一块，很多家长会让孩子每天额外训练几十道计算题、口算题。其实这种做法是非常低效的，更好的方法是增强孩子对数字和计算的直观感受，让孩子感受到数字和计算是鲜活的，无处不在的，而且用途广泛。下面我就分享一些我在这方面的做法。

前年，我孩子在读一本数学课外书的时候，看到里面有讲到斐波那契数列，也称为兔子数列，这个数列的每一项都等于前面两项相加：

1，1，2，3，5，8，13，21，34，55，89，144…

书中还提到一个非常有趣的现象，绝大多数花的花瓣数都是：

2，3，5，8，13，21，34…

比如向日葵的花瓣数量都是 21 或 34 ，而雏菊的花瓣数量是 34、55 或 89（几乎所有介绍斐波那契数列的数学科普书，都会提及斐波那契数列和花瓣数量的关系）。

我孩子觉得这种现象非常神奇。后来我们特意跑到公园去数各种花的花瓣数，发现确实如此，他在公园数花瓣的时候，兴致非常高。

小学二年级的时候，孩子学了带余除法。有一次去超市的时候，我只允许他花 20 块钱，我知道他肯定会买他最爱吃的 3 块钱一个的奶酪，这个时候他就会计算，最多能买 6 块奶酪，剩下两块钱买 2 根火腿肠。所以他就会自觉地往篮子里面扔 6 块奶酪和 2 根火腿肠，不多也不少。

这里其实就是一个鲜活的带余除法：

$$20 \div 3 = 6 \cdots\cdots 2$$

这时数字不再是空洞的数字，20 是 20 块钱，6 是 6 块奶酪，2 是 2 根火腿肠。

前段时间，我们去吃牛肉火锅，点完餐后服务员把账单给我们，我一看总价 400 多块，我就对他说：

"400 多块，这么多，会不会算错了，你要不要帮我们再算一遍？"

这个时候，他就很积极，很乐意做这种加法计算。

去商场购物时，我们也不时会让他计算打折商品的价格，350 块的鞋打 8 折多少钱，这其实就是一个简单的分数计算：

$$350 \times \frac{8}{10} = 280$$

家长只要细心留意，就会发现，现实生活中有大量的加减乘除计算问题，完全可以把这些计算问题留给孩子。

我再举个典型例子，小学五年级就开始学小数除法，最典型的就是小数除以整数的计算。其实，这种小数除以整数的计算在现实生活就有一个非常鲜活的例子。你可以拿一本书考孩子：

这本书中一页纸的厚度是多少，能否用尺子测量？

孩子很快就会发现尺子是无法测量纸张的厚度的。

但是，整本书的厚度可以较为精确地测量，厚度除以页数，正是每张纸的厚度。引导孩子发现这种测量方法，亲手算出一页纸的厚度，感受除法在现实生活中的妙用，无疑比做100道除法计算题更有意义。

总之，让孩子感受到大自然中的数字奥秘，让孩子知道加减乘除计算在现实生活中无处不在，用途广泛，这无疑可以增强他对数字和计算的感觉，也可以让他更有兴趣和信心应对数学学习。

所以，与其占用孩子的课外时间，让孩子在书桌上昏天暗地地刷计算，做一些稀奇古怪的应用题，真不如带孩子去公园，去超市，去商场，让孩子在大自然和现实生活中接触活生生的数字和计算。

在几何这一块，家长也可以类似地引导孩子。直线、射线、三角形、长方形、圆、长方体、球体、圆柱、圆锥……所有这些简单的几何概念都可以在现实生活和自然界中找到大量的例子，引导孩子观察、发现这些几何事物，可以让孩子形成良好的几何直观。家长还可以和孩子一起利用各种道具（包括纸张、胶水、牙签、橡皮泥等）动手制作各种几何模型，这也是传统数学课堂教育非常有益的补充，也很容易吸引孩子，激发孩子的数学兴趣和学习热情。当你准备好道具，邀请孩子一起动手制作各种好玩有趣的几何模型时，没有几个孩子会拒绝的。

下面是我和孩子一起用牙签和橡皮泥制作的正多面体。

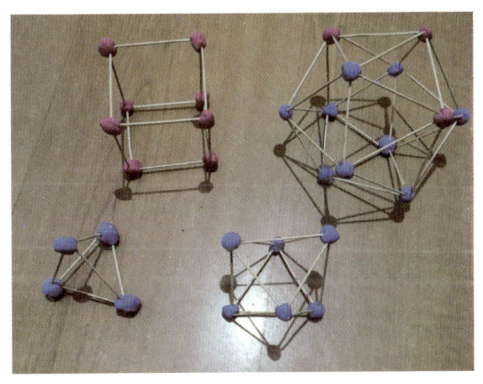

第五节　引导孩子阅读数学

一提到阅读，估计绝大多数人都会想到语文，因为大家普遍都认为语文要靠阅读积累，数学则要靠做题刷题。注意这是一个非常典型的误区。其实数学课外教育和语文一样，也可以通过阅读大量的数学课外书来拓宽数学视野，培养数学才华。我读过大量的科学家传记，许多科学家学生时代对其影响最大的，就只是一本数学名著或科普书。比如爱因斯坦和罗素，他们学生时代最美好的记忆就是欧几里德的《几何原本》。还有美国本土的许多数学家都回忆说，正是马丁·加德纳（一代数学科普大师）的数学科普专栏，让他们走上数学道路。

那么家长该如何引导孩子阅读数学课外书呢？

在这里我分享一些个人的经验。

需要澄清的是，我所说的数学课外书，不是指那些数学习题书、教辅书，以及被冠以"数学思维""秘籍""导引"之名的那些小学奥数书，而是指趣味数学书、数学故事书、数学历史书、数学文化书、数学科普书。

数学课外阅读是非常自主、自由的一件事情，孩子只会看他这段时间内喜欢和感兴趣的数学书。所以家长要想方设法让孩子能充分接触到自己想看的书。因为运营数学自媒体的缘故，很多出版社会将许多数学课外书直接寄给我，除了这些出版社的赠书外，我还会给我的孩子买很多数学课外书。安排这么多书并不是指望他看得越多越好，而是希望他能挑到自己喜欢的书，毕竟安排的书越多，他挑到自己喜欢的书的概率就越大。

除了他自己挑选外，我还会想办法引导他去读一些我认为非常好的数学课外书。比如我会挑出书中的一些话题和他讨论，讨论到一定程度之后我会告诉他："这个问题我也不知道了，但是这本书中可能有你想要的答案。"

我发现孩子对数学课外书的兴趣是分时段的，他有可能这段时间对这本书不感兴趣，过段时间又会翻开认真阅读。所以，那些我认为非常不错的数学课外书，我都会尽量放在他平时能接触到的地方，比如书桌上、床头等，期待他哪天心血来潮会突然翻阅。

小学这几年他看了许许多多的数学课外书，所以他对数学一直保持较高的兴趣，数学成绩也算不错。我曾多次问他："语文、英语、数学、美术、科学……你最喜欢哪门课程？"每次他都会提到数学。

讲到这里，可能有不少读者会问："该如何挑选数学课外书？"

这方面没有统一的标准，每个孩子的喜好也是不同的。不过我会将许多我认为非常不错的数学课外书放在我的个人公众号和视频号里推荐，可以供大家参考。另外一个不错的参考就是读书网站"豆瓣"上的评价和评分。豆瓣上的用户整体上是一群有丰富阅读经验的读者，他们的评价和评分总体而言还是比较靠谱的。我自己购书时，也经常参考豆瓣上的评价和评分。

第六节　让孩子选择自己喜欢的趣味数学内容

在培养孩子的数学兴趣方面，除了带孩子实践和引导孩子阅读课外书，还可以让孩子接触一些趣味数学的内容。

所谓趣味数学，就是把玩乐和数学结合起来，趣味数学的内容大致包括趣味数学题、数学玩具和数学游戏。趣味数学题，包括数字谜题、火柴题、逻辑推理题、智力题、数独……数学玩具包括七巧板、魔方、汉诺塔、鲁班锁、华容道、绳圈解套玩具……

趣味数学既然是数学与玩乐的结合，那它在本质上就是孩子的一个自主探索的过程，孩子可以喜欢玩这个，也可以喜欢玩那个，可以这样玩，也可以那样玩。家长可以让孩子充分接触这些内容，然后让孩子自己挑选出喜欢的内容和方式。家长也可以和孩子一起玩，但不要轻易告诉孩子答案或教孩子解法。许多小学奥数书中就有不少趣味数学题，但是这些小学奥数书提供了例题分析和典型解法，然后让孩子掌握这种解法再去做类似的题目，这时的趣味数学题就毫无趣味可言了。

至于数学游戏，种类也非常多。在下一章中，我们将介绍三类广受欢迎的亲子数学游戏，这三类游戏的道具非常简单，我和我孩子在家多次玩过这些数学游戏，孩子也非常喜欢。

第十一章

推荐一些亲子数学游戏

第一节　算24点游戏

这款游戏非常经典，规则也非常简单。把一副扑克抽掉大小王，剩下52张牌全部看成数字，其中J、Q、K分别当成11、12、13。洗完扑克后，游戏双方平分52张牌，每局双方分别抽取两张牌，将这四张牌同时亮出来，放在一起，然后双方开始思考如何利用这四张牌中的数字和加减乘除运算算出24，约定每张牌都要用一次而且只能用一次。谁先算出24，这四张牌就归谁，然后继续下一局。

比如从下面这四张牌算出24就是 $(3 \times 7) + (13 - 10) = 24$

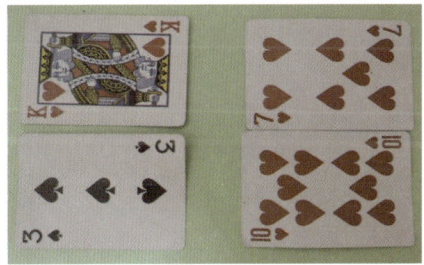

下面这四张牌算出24就是 $\left[(11 - 3) \times 3\right] \times 1 = 24$

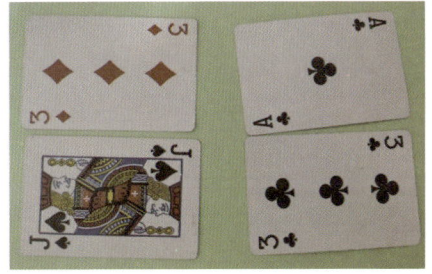

不过也会不时出现算不出 24 的情况，比如下面这四张牌就无法算出 24。

这个时候，双方就拿回自己的两张牌，继续下一局。也可以约定将这四张牌寄存，下一局胜者一起拿走八张牌。

如此一局一局进行下去，直到一方拿走所有牌的时候，另一方就判为负，游戏结束。如果算 24 点玩得很熟练了，也可以改成算 36 点。

算 24 点游戏可以锻炼一些最简单最基本的计算，也很考验游戏双方的大脑敏捷性，适合人群也非常广，二年级及二年级以上的学生，甚至大人、老人都可以玩。在二十世纪八九十年代，电子产品还不普及的时候，算 24 点游戏是非常风靡的，在我小时候，周围的许多大人小孩，包括我本人，都很喜欢玩！

千万不要以为这个游戏很简单，有些牌面是不容易想到如何算出 24 的，比如下面这个牌面。

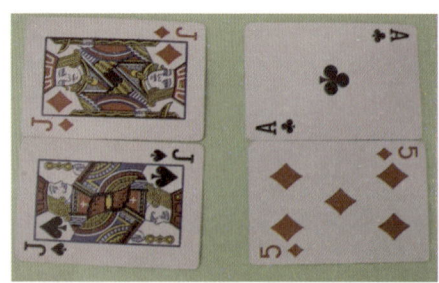

如果你算出来了，请继续挑战下面这个。

 # 第二节　以棋子为道具的数学游戏

以棋子为道具的数学游戏有非常多种，我们先介绍最简单的一种。先拿出13颗棋子堆成一堆，然后亲子双方轮流取棋子，每次只能取1到3颗棋子，约定取走最后棋子的人获胜。当玩得比较熟练之后，可以增加棋子的总数量，也可以增加每次取棋子的数量，比如可以改成每次只能取1到4颗棋子，或者1到5颗棋子。家长可以在玩游戏的过程中和孩子一起思考如何取胜。在这里我先给出一点提示：这款数学游戏背后的原理就是小学数学中的带余除法。

当这款数学游戏玩熟练之后，可以继续玩另一种更有趣的数学游戏——尼姆游戏。

尼姆游戏也是双方轮流拿棋子的游戏，给定两堆棋子，棋子数量分别是8和11，双方轮流从这两堆棋子中拿棋子，要求每次都只能从同一堆中拿棋子，但每次拿的棋子数量不限，约定取走最后棋子的人获胜。当玩得比较熟练之后，可以适当地增加两堆棋子的数量，也可以将两堆变成三堆，甚至四堆，还可以更改约定，将取走最后棋子的人判为负。

尼姆游戏还有个非常有趣的变种——威佐夫游戏。威佐夫游戏也是双方轮流在两堆棋子中取棋子，也是约定取走最后棋子的人获胜，但是每次取棋子的取法有两种：从同一堆中取棋子，或者在两堆中分别取数量相等的棋子。比如当两堆的棋子数量分别是5和7时，轮到甲方取棋子，这时甲方就可以在这两堆中各取3个棋子，取完之后，两堆的棋子数量分别为2和4。

尼姆游戏和威佐夫游戏背后的数学原理都非常深刻，不能指望孩子完全领悟，但这两种游戏非常容易启发孩子思考相关的数学问题。

我和我的孩子在玩尼姆游戏和威佐夫游戏的过程中，"发明"了另外两款非常有趣的数学游戏，在这里一起分享给读者。

第一款游戏也是双方轮流取棋子，也是约定取走最后棋子的人获胜，不过是从5×5的棋子方阵（共25个棋子）中取棋子，而且约定每次取的棋子都必须在同一行或者同一列，比如当剩余的棋子如下图所示时，红线圈住的两个棋子可以同时拿走，黄线圈住的三个棋子也可以同时拿走，但绿线圈住的两个棋子就不能同时拿走。

我们"发明"的另一款游戏还是双方轮流从 5×5 的棋子方阵（共 25 个棋子）中取棋子，还是取走最后棋子的人获胜，不过约定每次只能取 1 颗或 3 颗棋子，而且要求取 3 颗棋子的时候，它们必须是连在一起的，比如当剩余的棋子如下图所示时，图中用红线围出的四组棋子都是可以取走的 3 颗棋子。

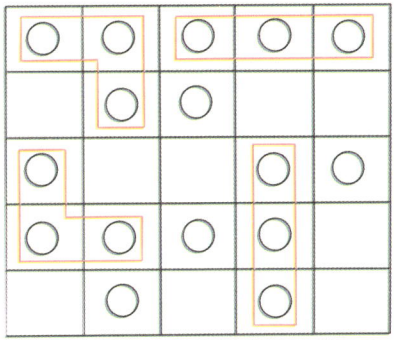

这里的 5×5 的棋子方阵也可以改成 4×4 或者 4×6 的棋子方阵，或者其他任意规格的方阵，第一款游戏还可以改为每次取棋子的数量不能超过 3，第二款游戏也可以改为约定每次只能取 1 颗或者 2 颗或者 3 颗棋子，而且要求取 2 颗或者 3 颗棋子的时候，取走的棋子必须是连在一起的。

总之，这些取棋子的数学游戏的规则是非常有弹性的，所以希望读者在玩这类游戏的时候，能"发明"更多类似的游戏。

第三节　萌芽游戏

这款萌芽游戏，规则非常简单，老少皆宜，从六七岁的孩子，到高龄老人，都可以玩。但是它却有着非常丰富的数学内涵和拓扑思想，它所引申出来的数学游戏猜想，目前数学家们根本无法解决，即使计算机验证也非常困难！

这款游戏需要的道具就是笔和纸，首先在一张白纸上画三个顶点，然后双方轮流在纸上画一条曲线连接两个顶点，要求：

（1）每画一条新的曲线时，都要在新的曲线中间加个新顶点，新顶点将新曲线分成两条曲线，比如下图的 A，B，C 是起始的三个顶点，红线，黄线，绿线，蓝线分别是双方依次轮流画入的曲线。

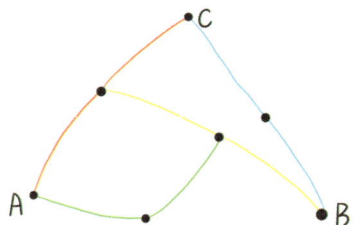

（2）每次画的新曲线可以连接两个不同的顶点，也允许连接同一个点，比如上图的蓝线也可以改为下图的连接方法。

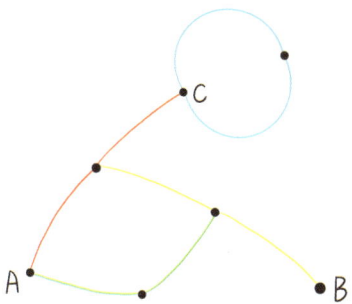

（3）画曲线的过程中约定，每个顶点最多只能连接三条曲线，所以下图中打叉的两个点不能再连接新的曲线了。

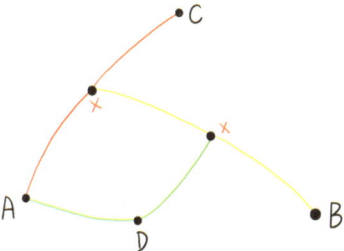

　　另外也不能再画一条曲线从A点出发再回到A点了，因为如果画了这条曲线（如下图所示），那么A点就连接了四条曲线。

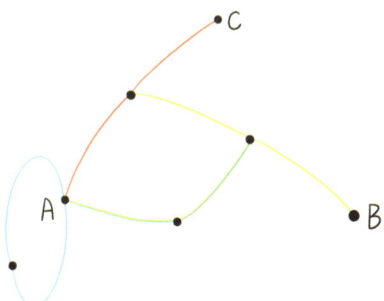

（4）新的曲线要求不能与已有的曲线相交，也不能通过三个顶点，比如下面的蓝色曲线和橙色曲线都是不允许画的。

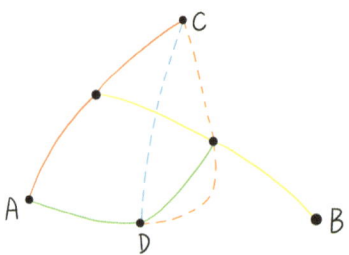

（5）当游戏中的一方没有新的曲线可以画的时候，则判为负，游
戏结束。比如下图中打叉的点都不能用于再连接新的曲线，
所以当游戏中的一方将下图中剩下两个顶点（按蓝色虚线）
相连之后，另一方就无线可连，就被判为负。

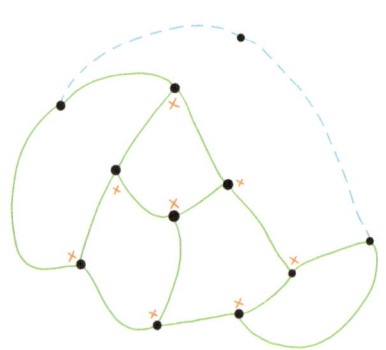

　　三个起始点的情况玩熟练之后，可以改为四个或五个起始点，这
样游戏的变化内容将更丰富。

第十二章

小学数学中有哪些内容
"并不重要"?

在这一章中，我们将为读者指出小学数学中"并不重要"的内容。

在小学数学教学以及家长辅导孩子数学的过程中，许多"并不重要"的内容往往会被过分强调、过度训练，这无疑是浪费时间和精力，也加重学生负担。为老师、学生、家长指出这些"并不重要"的内容，无疑可以让他们在小学数学学习上少走很多弯路。

如何判断哪些内容"并不重要"呢？最好的办法是将小学数学的内容放在整个中小学数学体系中考虑。站在这个全局、宏观的角度来观察，你会发现小学的许多数学知识在升入中学之后，几乎都被扬弃了。

所以，小学阶段非常忌讳大量刷题，很多真正核心的东西，相关的题目不多，而很多"并不重要"的内容相关的习题却非常之多，大量刷题看似可以提升卷面成绩，但实际上并不会巩固和提高多少真正的数学水平，还很有可能败坏学生对数学的印象。

在本书前面的一些章节中，我们已经详细讲过，小学数学中的多位数加减乘除计算训练、口算训练、鸡兔同笼型应用题等都是属于"并不重要"的内容。接下来，我们将继续指出小学数学中还有哪些内容"并不重要"。

最后我要补充一点，这一章中"并不重要"这个词总是加上引号，这么做是为了提醒读者，这些"并不重要"的内容仍然要学，而且并非真的不重要，只是不必要过多训练而已。

第一节　与除法、小数相关的几个内容

在本书中，我们已经多次提到五大运算定律：

加法交换律，加法结合律，乘法交换律，乘法结合律，加法乘法分配律。

这五大运算定律只涉及加法和乘法，不涉及减法和除法。

为什么呢？

因为减法是可以由加法派生的，这个学到初中就会明白了，而除法呢，则是可以由乘法派生的。所以小学课本中分数除法法则这一块是核心要点，因为这个法则直接揭示了除法的本质：

除法是可以由乘法派生的，除以一个数就是乘以它的倒数。

学到这里，明白了除法本质的时候，之前学过的关于除法的很多东西就会被慢慢抛弃或者归并了。

比如小数除以小数这种东西，本身用途不大，而且实质上就是分数除以分数。

注意，小数更具体更形象，更容易感受大小，更接近现实世界，而分数更抽象，更普适，更接近数学本质。数学越往前学习，只会越抽象，越接近数学本质。到了初中，再到高中，分数或者分式的写法渐渐占据了主要篇幅，小数则越来越少出现了。

再谈谈带余除法。在我看来，在中小学数学体系中，带余除法最大的作用就是引入分数。8颗糖果没办法平均分给3个小朋友，会余出2颗糖果，这个时候可以引入分数8/3，表示把8平均分成3份每份的量。

引入分数之后，带余除法这种用除号表达的方式就应该慢慢消退了。在基础数论中，带余除法还是比较基础的内容，但是基础数论中的带余除法是用乘法公式表述的，没用除法和除号。比如柯朗的经典名著《什么是数学》中的带余除法是这样表述的：

如果 a 是任一整数而 b 是任一大于零的整数，则我们总能找到一整数 q，使

$$a = b \cdot q + r,$$

这里 r 是满足不等式 $0 \leqslant r < b$ 的一个整数。

另外，在中小学数学体系中，只有小学数学有一点基础的数论概念，中学数学中就没有数论内容。

还有一点要强调的是，小学数学的带余除法并不是严格意义上的除法运算。因为除法运算有个基本规律，那就是除数、被除数乘以同一个非零数，商不变，比如 $10 \div 2 = 100 \div 20$。但是带余除法并不满足这个法则，$9 \div 2 = 4$ 余数是 1，而 $90 \div 20 = 4$ 余数却是 10！

还有一个非常有趣的现象，到了初中，甚至连除号都几乎不再出现了，取而代之的是分数和分式的写法，除数、被除数变为分母、分子，化简计算基本不用除法竖式计算，往往是用约分，因为涉及的数字不会太大，计算都比较简单。

中学数学不会考察你复杂的竖式计算，尤其是除法竖式计算，所以除法竖式计算也几乎是被抛弃的内容了。

最后，为了避免误会，我有必要多说一点。我绝不是说在小学阶段，除法和小数不重要，这些仍然是基础，只不过学到后面相关的很多内容被化归为更一般、更抽象的内容了。

理解了这些，有了这种全局整体的观点，再来看除法和小数，你就会明白小学那些把孩子、家长、老师折磨得死去活来的细节问题，比如：

"除"和"除以"有什么区别？

0.320是三位小数还是两位小数？

这些区分对数学教育意义不大，直接淡化就好了，对后续学习几乎没有影响。

第二节　真分数、假分数和带分数

在小学数学中，带余除法还有一个专门用途，就是可以用于将假分数化为带分数。比如下面这个带余除法式子：

$$13 \div 5 = 2 \cdots\cdots 3$$

如果将其写成假分数化为带分数的形式，那就是：

$$\frac{13}{5} = 2\frac{3}{5}$$

其实，带余除法和假分数化为带分数的本质是一样的！

小学数学老师往往会要求学生区分真假分数，还会要求学生掌握假分数和带分数的互相转化，甚至还规定解题答案如果是假分数，能化为带分数最后一定要化为带分数。其实这种区分和转化意义不大，对后续学习没任何影响。

强调真假分数的区别会有个弊端，那就是将自然数和分数割裂开来。真正应该强调的是，自然数也是特殊的分数，比如5=5/1，1=1/1，所以分数的定义是自然数的数系扩充！再往后学习，可以进一步发现，分数的加减乘除运算也是自然数加减乘除运算的扩展！所以，后期需要做的根本不是区分，而是统一，归并，一脉相承！只有这样才能"打通任督二脉"，把前后知识板块融会贯通！

以后学到负数、有理数、实数、复数你就会发现，数系的每一步扩充都一脉相承，也是加减乘除运算的扩展。

至于带分数这个概念和写法，其实是有些多余的，这种写法更多的是出于现实应用的目的，也有历史沿用的痕迹。到了中学，带分数几乎就不见踪迹了。

第三节　周长和表面积

　　小学课本中还有专门章节讲周长的概念，一个典型的知识点是要知道下面两个图形的周长相等，利用这个知识点可以出各种判断周长是否相等和求周长的复杂题目。

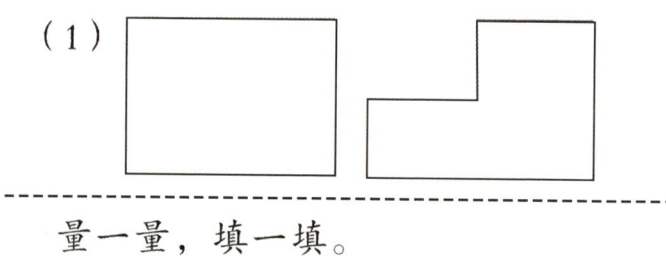

下面每组图形的周长一样吗？
（1）

量一量，填一填。

　　六年级讲圆锥、圆柱的时候还讲到求表面积，还有几个表面积公式。

　　其实在整个中小学几何体系中，周长和表面积这两个概念，以及各种周长和表面积公式，都不太重要，和长度、角度、平面图形面积、立体图形体积这些核心的中小学几何概念根本没法比。

　　不过，这里面有两个例外。一个是圆的周长，它关联着圆周率，还关联着角的弧度，这个又关联着三角函数的定义；另一个则是球的表面积。

　　周长概念在中学几何中几乎不再出现了；高中人教版数学课本的

立体几何中有一些表面积公式，但是也是非常松散的，不论是公式推导过程，还是公式本身，都没什么启发性。

总之，小学的周长和表面积概念，和中学的几何体系没有什么衔接性可言，是属于典型的"并不重要"的内容。

第四节　小学几乎没有严格的数学概念

小学几乎没有严格定义的数学概念，绝大部分概念都是通过大量的例了来说明的，所以会产生各种各样的疑点，比如自然数是不是分数，$x = 1$ 是不是方程，0 算不算一位数，0/2 是不是分数，正方形是不是长方形，如何区分上底和下底……

这些疑点经常会困扰老师、家长、孩子。

其实一旦给出正式定义之后，这些问题自然消失，比如定义方程为"化简之后仍然含有一个未知数 x 的等式"之后，按照这个定义，$x = 1$ 自然就是方程！

但是小学阶段给学生讲这些问题相关的严格定义无疑是不现实的，只会让孩子更加困惑。

其实这些问题无论是或者不是，都并不影响数学学习，比如不论

是否把 $x = 1$ 视作方程，都根本不会影响孩子学习解方程。

所以在小学阶段，没必要花大量时间去探究这类问题！

第十三章

给数学牛娃的一些建议

经常有家长问我这些问题：

"风云老师，我的孩子数学学得非常轻松，有没有必要让他提前学？"

"风云老师，我发现我的孩子很有数学天赋，我该怎么培养？"

确实有一部分孩子的数学学业比较优异，甚至会展示出不凡的数学天赋或才华，这一部分孩子在家长圈有个称谓：数学牛娃。

在这一章，我们将对这些孩子的数学学习给出一些适当的建议。

第一节　如何识别数学天赋？

首先是识别数学天赋的问题。这个问题本身是很困难的，因为一个人的数学天赋会在哪个年龄段展现出来，真的是很难预料的。

一种比较流行的大众观点认为，有数学天赋的孩子都是从小就表现出极强的数学学习能力。

不可否认，历史上确实有不少数学神童，比如欧拉（Euler）、高斯（Gauss）、柯西（Cauchy）、保罗·厄多斯（Paul Erdos）、冯·诺依曼（von Neumann）、陶哲轩……在不超过十岁的小小年纪，就展露出惊人的数学天赋，名动当地。

但是即使在普遍有数学天赋的数学家群体中，这些数学神童也是少数。如果只知道这些路人皆知的例子，未免眼界太狭隘！

历史上，更多的大数学家在中学之前对数学是不感兴趣的，在数学学习上的表现也很一般，进入中学之后，由于接触更新的数学知识，或者接触到某本有趣、深刻的数学书，或受名师赏识、引导，才开始对数学感兴趣，渐渐激发出数学天赋。

比如数学大师丘成桐， 他在小学阶段对数学并不感兴趣，初中学了方程解鸡兔同笼问题之后，才开始觉得数学很有趣。再比如国内著名几何学家苏步青，甚至上了中学之后也是特别喜欢语文，对数学不太感兴趣，后来是在留学归来的杨老师点拨之下，才意识到数学的重要性，开始对数学产生兴趣。

国外类似的例子也非常多，比如百年难得一见的旷世数学奇才伽罗瓦（Galois）和阿贝尔（Abel）。伽罗瓦小时候，受家庭氛围影响，对古典文学有非常狂热的兴趣，直到进入中学一年后，兴趣才开始突然转向数学。阿贝尔在15岁碰到新老师霍姆波之前，对数学也不感兴趣，是这位23岁的年轻老师给他介绍了大量数学著作，吸引了他，在老师的开明引导之下，阿贝尔在短短两三年时间内吸收了大量数学知识。

再比如一代数学宗师庞加莱（Poincare），他小时候在数学上也没有什么突出的表现，直到15岁左右才突然开始狂热地喜欢上数学。

日本天才数学家冈洁（Kiyoshi Oka）在回忆录《春夜十话》中称："大家可能认为我一定从小擅长数学，可在我记忆中，小学的数学成绩，称得上不错的经历也不过一两次……六年级时，应用题中有些题目的难度增加，我记得自己格外不擅长碁石算和龟鹤算。"

《美丽心灵》主角、天才数学家纳什（Nash）小学的数学成绩就很糟糕，老师还给了他很低的评价。

还有许多大数学家是上大学之后才发现自己更适合学数学，决定转专业。比如大数学家库默尔（Kummer）上大学之后，是在一位数学教授的影响下，才从神学转向数学；美国数学家惠特尼（Whitney）从小也没显示出任何对数学的偏爱，直到大学毕业后，因为突然对四色问题感兴趣，才开始考虑读数学专业；大数学家博特（Bott）本科硕士都是电气工程专业，博士才开始学数学专业；冈洁上大学最先也是读物理系，因为"在数学面前我是如此没有底气"，后来受数学老师安田亮的影响，体会到数学发现的乐趣，才萌生转去数学系的念头……

其实苏联大数学家盖尔方德（Gelfand）在自述中就很好地总结了所有这些现象，他的原话是：

"我坚信，对大多数未来的职业数学家来说，数学的天才正好出现在13岁至16岁这一时期（当然在最强的数学家中也有例外，从20岁至30岁甚至40岁不等）。"

所以，根据小学阶段的数学学习表现来断定孩子是否有数学天赋，往往是不靠谱的。常常有家长告诉我：

"我的孩子数学非常好。"

"数学学得非常轻松。"

"学校的题目对他来说太简单了。"

"很多附加题、难题他都能想出来。"

"计算和口算速度非常快，没有任何错误。"

……

这些算不算是有数学天赋呢？

其实这些还不能算是真正的数学天赋。

比如在加减乘除计算方面表现得很优秀，那可能是由于长期的计算训练让孩子已经做到了滚瓜烂熟，也有可能就是认真细致。认真细致这种品质也很重要，但根本不是数学天赋。还有些小学生会做附加题，老师和家长往往据此认为这个孩子有数学天赋，其实这也不能说明什么问题。数学能力也有早熟晚熟之分，就和婴儿们学会说话、走路的时间有先后是一样的。会做附加题只能说明思维反应比较敏捷，或者数学能力比较早熟。

小学阶段一个学生什么样的表现才能算得上是真正的数学天赋呢？

我举两个例子。有个匈牙利数学家叫冯·诺依曼，他8岁时就掌握了微积分。微积分是非常抽象的，是大学生才学的高等数学，能在8岁这种年龄段掌握微积分，而不是粗浅地了解，这种对抽象数学的驾驭能力绝对是真正的数学天赋。

另一位匈牙利数学家保罗·厄多斯，他在4岁还不会写数字的时候，就已经会乘法了，6岁的时候就独立发现负数，那时候他告诉母亲："你如果把100减去250，会得到比零小150的数。"这已经不是学得好不好的问题了，而是独立发现更抽象的数学体系，这种自我发现探索的能力是最顶级的数学天赋了。

数学天赋也有早熟晚熟之分，这两个例子比较罕见，是属于数学天赋早熟的典型例子。前面说过了，绝大部分人的数学天赋是晚熟的，要等到中学阶段才展露出来。

小学阶段的数学离不开现实，几乎所有的数学概念都要依托现实，所以小学的数学是非常具体的，没有多少抽象性。

一旦到了中学，数学课程内容的抽象性开始跨越式递增，几何辅助线证明、方程、函数、三角，这些抽象概念体系一下子全部涌上来了，这些抽象内容，才能真正考验数学能力。小学阶段数学成绩非常优秀，到了初中却开始不断走下坡路，这样的学生实在太多了。所以在中学阶段评估孩子的数学天赋，比在小学阶段要靠谱多了。对于大部分人来说，中学阶段就是数学学习的分水岭。

第二节 什么样的孩子，在什么时候适合提前学？

既然中学阶段的数学学习才是分水岭，那么家长肯定关心在小学阶段可以做哪些准备。

许多家长看到孩子在小学阶段数学成绩比较优异，学有余力，他就会安排孩子提前学。大家普遍认为，既然中学的数学更抽象，更有挑战性，那我就抢跑，提前接触中学数学，不就更有优势了吗？

但是，这个问题可没这么简单。

提前学当然可以让孩子在数学学业上表现得更优秀，不少小学数学试卷附加题都是将高年级内容下放到低年级，或者将初中内容下放到小学。提前学的小学生能很轻松地搞定这些附加题，成为老师和同学眼中的数学学霸，能在小学数学学习上胜过其他学生，能树立对数学学习的信心，但这种优胜未必是数学天赋和才华的优胜，有可能仅仅是因为你提前学习了。其他学生，尤其是有些数学天赋的学生，他们赶上你，和你再次站到同一起跑线，恐怕也只是时间问题。

还有一个问题，当你的自信和数学天赋不匹配时，上中学或上大学后，之前的数学神童、学霸，很可能就会"泯然众人矣"。但对于心理素质不太好的人，这种巨大的落差很可能让之前的自信彻底土崩瓦解，反而变得不自信了。

还有，家长安排孩子提前学，这绝对是一个技术活。

家长毕竟不是老师，大部分家长连自己都不了解数学，他怎么安排孩子提前学数学呢？结果往往都是道听途说，搜集一些刷题宝典让孩子练，或者自己教小孩做题。据我所知，绝大部分家长安排的提前学就是停留在解题的层面。这样的提前学是非常肤浅的，根本不得要领。数学，尤其是从初中开始的数学，非常强调概念知识的体系性和思想性，单单训练刷题只是皮毛，是远远不够的。

如果说数学的解题技巧可以提前灌输，那么数学思想的汲取往往要跟生活经验和历史文化知识、人文学科的学习齐头并进，因为数学思想和生活经验（特别是物理经验和算数经验）、历史文化知识、人文思想其实有许多共通之处。

对于各种知识和生活经验都处于初级积累阶段的小学生而言，超前学数学，很可能就是学个皮毛，纯属瞎折腾。

所以，小学阶段，除非孩子自己有提前学的自主意愿（这是极少数的），否则，没什么特别的原因，没必要给孩子安排提前学。

更让我觉得奇怪的是，很多孩子并没有提前学习的自主意愿，而家长让孩子提前学的热情却非常高涨——这很不正常，而且会导致孩子学习数学的态度变得很被动，孩子不知道为什么而学习，只知道这是父母安排的。

总之，小学阶段，即便是数学成绩优异的牛娃，也根本不必着急，按部就班地跟着学校进度就好了。培养、保护孩子对数学的兴趣才是关键。小学阶段提前学并没有多少优势，你只不过是简单地提前接触这些知识（的皮毛）而已，其他孩子迟早也会接触到这些知识，接触的早晚根本不会起决定作用，关键要看孩子是以什么样的心态来接触这些全新的数学知识！

我倒是觉得，相比数学，小学阶段更适合发展各种语言能力，比如诵读文学经典，学一些外语之类的。

到了中学阶段，情况就不一样了。因为中学阶段，不论是数学能力、数学天赋，还是对数学的兴趣，都远比小学阶段更加成型了。所以，如果中学生数学能力强，对数学有兴趣，在学有余力的前提下，完全可以放开手脚提前学。

需要提醒的是，中学生提前学一定要首先以学校教材为主体，一定要吃透教材内容，千万不要花大量时间去准备数学竞赛。因为，数学学习要围绕核心的数学概念体系，学校的通用教材才是数学核心的知识体系所在。数学竞赛的东西是很难，也很费时间，但总体而言是游离在数学核心体系之外的。中学生提前掌握了中学数学的内容之后，与其去搞数学竞赛，不如直接学高等数学（后面我们会继续讨论这个话题）。

不过，我觉得这里有必要做点补充说明，关于什么时候适合超前学的问题，小学和初中的界限也不是绝对的。到了小学五、六年级，或者小升初的暑假，如果数学兴趣培养得不错，数学领悟能力很好，也有自主意愿，那也是完全可以提前学初中数学的。

现在的初中考试科目非常多，学业压力繁重，如果能在小学高年级阶段提前学一部分初中数学，也可以为以后减轻压力，还可以培养孩子的自学能力。

另外，小学五、六年级的时候，数学作业中常常会碰到一些较难的应用题，但这些应用题用初一的方程方法却可以非常轻松地解决，所以小学高年级阶段确实有提前学初一数学的很好的动力。当高年级孩子学会了初一的方程方法，很轻松地用方程方法解决老师布置的那些难题时，他对数学学习的信心和热情无疑都会得到提升。

第三节　给真正有数学天赋的孩子的几点建议

不可否认，有极少数孩子确实具有一定的数学天赋，很多人会建议这些孩子要"尽快找名师单独培养，不要饿死天赋"。

其实我对这种建议是非常不认可的。首先所谓"饿死天赋"的说法根本不成立，完全就是某些人自己想象出来的。另外数学教培市场鱼目混珠，家长找的所谓"名师"，往往并不靠谱。

在中小学阶段，哪怕孩子真的很有数学天赋，跟着学校的进度学习也不会有什么大问题的，数学天赋就在那，是不会消亡的。

其实，对于这些有天赋的孩子而言，真正需要担心的不是数学，而是语文、英语、体育以及情商和人际交往能力等。因为学数学很轻松，所以相比之下，学其他学科或者人际交往通常就觉得很费劲，这也是为什么许多数学尖子生偏科严重，情商太低，最后往往难成大器，甚至沦为平庸。

中国有十几亿人口，从概率统计的角度来看，真正有数学天赋的孩子不在少数，但其中真正能将数学天赋激发出来并光照一生的例子却不多。

为什么？

原因固然很复杂，不过，我想有一个原因是非常突出的，那就是对教育的功利态度！

很多家长和老师发现孩子的数学天赋，往往就迫不及待地想制订各种拔尖培养计划，希望孩子的数学学得越早越好，越顶尖越好；父母希望孩子能依靠数学成为人生赢家，老师希望孩子成为拔尖教育的成功案例……

这种功利性极强的教育模式，首先忽略了早期教育的全面性，另外也会给孩子带来与年龄不相称的压力，最终往往会导致失败。

其实不论培养哪个领域的人才，首先要保证培养一个健全的人，包括健全的人格、品质、体魄。

所以对真正有数学天赋的孩子，在中小学阶段，我的建议是一定要对数学以外的教育内容，比如英语、语文、体育，还有人文素养、社会阅历、交际等，给予同样的重视。

数学早慧的最著名例子，无疑是天才数学家、菲尔兹奖得主陶哲轩。陶哲轩父母的做法就非常明智。虽然陶哲轩3岁的时候因为数学早慧而被送到私立小学，但是当他父母发现他不懂得如何与比自己大两三岁的孩子相处时，他们还是选择将他送回了幼儿园去学习和同龄人相处。陶哲轩12岁的时候就已经掌握了不少大学数学课程内容，并拿到了国际奥数金牌，但是他父母并没有急于让他上大学，而是让他一边学习高中文化课程，一边去大学旁听数学课程，直到两年后陶哲轩才正式成为全日制大学生。对此，他父亲的原话是："早早拿到学位，打破纪录，没有任何意义，我构建的知识结构是金字塔式的，底部很宽阔，这样金字塔就能建得高。如果像个圆柱体一样迅速上升，那么到达顶部后就可能摇晃，然后倒塌。"

第十四章

谈谈数学教材的选择

中小学生学数学，除了学校的通用数学教材外，是否还有更好的教材可以用呢？

如果提前学数学，又该选择什么样的数学教材呢？

这一章，我就专门为大家讲讲数学教材的选择问题。

第一节 不建议使用过去的老教材

我留意到，很多老师和家长非常青睐老教材，有一部分原因可能是一种心理作用，大家都吐槽现在的通用数学教材不好，内容太少、太简单，既然认为现在的不好，便往往会怀念过去。还有一部分原因可能是一些成名数学家的成长经历宣传，听到他们曾用哪本教材，便盲目跟风。殊不知曾经使用什么教材和最后成为著名数学家实在没多大关联，过去那个时代根本就没有多少数学教材可供挑选，他们一般都是有什么书就看什么书。

比如《中学数学实验教材》，在家长中很受追捧。然而，它在风格上非常接近大学数学专业教材，对于许多中学数学知识点，在逻辑上讲解得非常严密、透彻。但是，这种逻辑上的严密透彻，只会吓退绝大部分的中学生。

我举个最典型的例子，那就是《中学数学实验教材》中关于平面几何公理化体系的处理。

我历来主张，中学生可以适当地接触平面几何公理化思想，但是，这本书在这一点上却走了一个非常可怕的极端，为了严格地展示平面几何公理化体系，先讲了大量的预备知识，包括许多抽象的集合论知识和数理逻辑知识。我担心，初中生还没开始接触优美的公理化思想之前，就被这些抽象的集合、逻辑知识吓退了。所以它并不适应初中生的接受能力和认知水平。

还有个问题，为什么老教材和新教材在内容编排上会有较大的差别呢？因为在长达几十年的教学过程中，大家会慢慢发现，有些东西比较多余，不必讲，有些内容比较烦琐，可以简单讲，这些基本都已经形成共识了。比如，以前的数学教材中都会有平方表、立方表、平方根表、立方根表的专门章节，教学生通过查表求平方（根）、立方（根）。但是在计算器慢慢普及之后，这些内容就显得十分多余了，所以后来它们就被彻底删除了。

总之，数学教材处在不断修订的过程中，整体上是不断进步的，家长们无需刻意追求老教材。

第二节 教辅不能当教材用

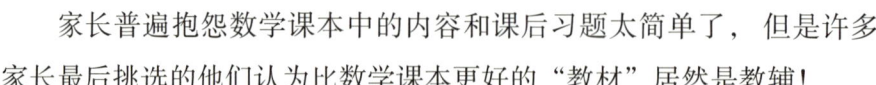

家长普遍抱怨数学课本中的内容和课后习题太简单了，但是许多家长最后挑选的他们认为比数学课本更好的"教材"居然是教辅！

数学课本和教辅是完全不一样的，数学课本会完整地讲述数学的核心知识体系，也会配备适量的习题及习题讲解，而教辅则没有知识体系，最多只是罗列知识点，绝大部分内容都是习题集或者习题讲解。

我在本书中多次强调，数学学习一定要立足数学课本，而很多家长却非常轻视课本，把教辅当成宝，这无疑是本末倒置。

中学阶段的数学学习确实可以利用一些教辅作为辅助，那是因为中学阶段的数学题型确实非常复杂多变，而且又有中高考的压力，学生确实可以考虑多接触一些题型。

至于小学阶段的数学学习，我不建议使用教辅，因为数学课本中的习题和学校配套的练习册基本已经足够了。在学好课本知识的前提下，小学阶段的数学学习中最要紧的事情，就是让孩子觉得数学是有趣的、美妙的，是源自生活和现实的，它可以应用到现实生活的方方面面。

不少家长对于小学数学学习的认知，还停留在靠刷题提高分数的层面。不可否认，这有一定效果。不过其实小学阶段，不论是校内考试，还是校外数学竞赛，数学成绩都非常具有迷惑性，这一点在升入中学之后就非常明显了。

我发现，那些在家长中间非常流行的小学数学教辅书，往往质量都非常一般，而且往往是越流行的，质量越差，比如一些小学奥数刷题宝典。

另外我留意到，最近这一两年在教辅市场出现了几十套被冠以"新加坡数学"之名的教辅书，深受家长追捧。然而它们其实就是一些数学习题集，根本没有知识点讲解，书中的习题内容编排得也很一般，根本没有主次，同类型题目经常重复出现，给人一种机械训练的感觉。

这些书还有一个很大的卖点，就是用画图法解较复杂的应用题。这一点根本不是"新加坡数学"的特色，因为国内许多数学老师都会教学生画图法，而相关的应用题教辅书也多如牛毛。

那么，有没有必要学这种方法呢？

我们已经讲过了，中小学数学教材中关于应用题的分层设置和逐渐引入方程的做法其实已经很完整了，没必要再额外学这种画图法解较复杂的应用题。何况，到了初中以后，这类较复杂的应用题就慢慢地消退了，更不用说画图法了。

有人认为画图法非常接近方程方法，可以作为学习方程方法解应用题的预备。其实就简洁性、适用性和抽象度而言，画图法根本无法和方程方法相比，两者层次完全不一样。而且如果大量训练画图法的话，还有一个弊端，就是等到孩子正式接触方程方法的时候，他很有可能会抵触抽象的方程方法，因为他太熟悉用画图法这种直观形象的方法解应用题，这已经是他的思维"舒适区"了，他要跳出来会很困难。

总之，虽然配上了"新加坡数学"的高大上字眼，但这些教辅书的内容编排水平和小学奥数刷题宝典差不了多少。我认为像新加坡这种发达国家，他们的公立学校不太可能使用这种平庸的数学书，哪怕是作为练习册都不太可能。

你可能要问，为什么越流行的小学数学教辅书质量越差呢？因为绝大部分家长对数学的认知都停留在加减乘除和刷题提分的低层次，所以质量越差的、越低端的教辅，越能迎合更多的家长。在此也提醒广大家长，千万不要在不了解的情况下跟风购买教辅。

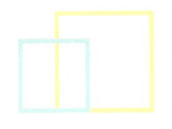

第三节 国内的通用教材就非常不错

没必要去找老教材或者各种乱七八糟的教辅，也没必要花大量时间去纠结该选用什么教材。世界上没有什么神奇的数学教材，关键是看怎么教，怎么学。

其实，公立学校的通用数学教材，比如人教版、苏教版、北师大版、浙教版就很不错，也很适合自学或提前学，尤其是人教版数学教材，在内容安排取舍上已经很不错了。

很多人批判这些通用教材，认为教材太简单了，学不到什么东西。诚然，应付中高考，找一些教辅，训练一定量的习题是必要的。但是，数学解题能力，我认为三分来源于训练，七分来源于对数学教材中核心概念的把握和理解。比如涉及函数或者方程图像的题目，做这类题目的一个非常基本的前提，就是要牢牢把握一个基本知识点：

"点在图像上当且仅当点的坐标满足方程。"

能够对这个知识点的逻辑关系了如指掌，才能把这个知识点运用到千变万化的题型之中！所以，数学教材看似简单，是因为大部分学生都学得很肤浅，其实真正能吃透教材的学生是极少的。

这些通用的数学教材，对基础概念的引入、讲解、举例往往都非常到位。所以中小学生学数学，一定要立足于数学教材，不能浅尝辄止，一定要反复阅读，细细揣摩其中的概念、知识点、方法和逻辑关系，做到融会贯通。在这个基础上，再适当地选择一些教辅书进行习题练习，才能做到事半功倍。

这些通用的数学教材引发了很多批判的声音，这也是可以理解的，使用范围越广泛的通用教材，批判的人自然越多。不过，这些通用教材是由数学和数学教育相关的专业人士编写，而且经过几十年教学实践检验，不断修改，千锤百炼，对大部分核心概念、知识点和方法的表述讲解得非常清晰，比那些乱七八糟的教辅书要好多了。家长千万不要因小失大！

最后，我留意到有的数学教材配备了实验手册。

其实数学学习过程中也有实验和动手操作探索的部分，比如制作各种几何模型，提取分析来源于现实的各种数据，实验手册的内容就是关于这些实操层面的数学教育，很适合作为课后数学实验书，家长也可以和孩子一起动手。我希望以后，每一套通用数学教材都能配备这么一本相应的实验手册。

第十五章

好的数学题和
"不好"的数学题

学数学，做题是一个必不可少的环节。但是，在目前应试教育的大环境之下，做数学题的地位被无限放大了，大家普遍认为做数学题的数量种类越多越好，难度越高越好。其实，做数学题也是有讲究的，不能太盲目。

在这一章中，我们将通过几个非常典型的例子来告诉大家，哪些是可以称得上好的数学题，哪些是"不好"的数学题，不必浪费时间去做。

第一节　什么样的数学题算是好的数学题？

什么样的数学题能称得上好的数学题呢？

我认为一道好的数学题未必要很难，但一定要紧扣数学中的核心知识体系。

多做这样的数学题，可以加深对数学核心知识体系的理解和领悟——这也是在数学学习过程中，做数学题的主要目的之一。

比如下面要谈的这道题 （人教版初中数学九年级下册第22页第9题）就是一道好的数学题。

9.两个不同的反比例函数的图像能否相交？为什么？

这道题其实不难，甚至很简单。但是，这道题却考察了一个非常基础和核心的知识点。

平面上一个点，落在函数图像上，当且仅当点的坐标满足函数方程。

根据这个知识点，这道题的答案就呼之欲出了。下面是完整的证明过程：

证明：假设两个不同的反比例函数 $y = a/x$，$y = b/x$，$(a \neq b)$ 有一个共同的交点 (x, y)，那么这个 (x, y) 就同时满足两个函数方程 $y = a/x$，$y = b/x$，由此立刻可以推出 $a = b$。这就导致矛盾，所以假设不成立。

证毕

整个证明过程非常自然，思路非常清晰。这也是一道典型的反证法证明题，虽然证明过程非常简短，但麻雀虽小，五脏俱全！中学数学中，证明一直是难点，对于这种初级的证明题，务必要好好领悟。

同样的道理，这道题后面的第10题也是好题。这道题，不但考察函数图像的核心知识点，还考察对反比例函数图像在坐标平面中的位置和形状的把握，学生如果能把握住函数图形的大致形状和位置，就可以猜出答案，然后严格解答。

其实这类好的数学题在人教版数学教材中比比皆是。

不论是正常的按部就班的学习，还是提前学或者自学，我都推荐人教版数学教材。不论是里面的核心概念、知识体系，还是课后习题，我都非常推荐，都非常值得花时间琢磨、领悟。

第二节 追求一题多解还是只需掌握一种方法?

对于一道好的数学题,只需掌握一种解题方法,还是要接触多种解法呢?

其实一题单解还是多解根本不是要点。比如有些几何证明题,你可以这样子画辅助线证明,也可以那样子画辅助线证明,甚至个别几何证明题有七八种辅助线证明。但其中许多其实都是同类方法,无非就是多"奇思妙想"几条辅助线。去玩这些东西就跟周伯通玩左右手互搏,孔乙己写"茴"字的四种写法一样,非常无聊,根本不能增进你对数学的领悟。

真正应该提倡的是从完全不同的角度出发,用根本不一样的方法解同一道题。我举个典型的例子,就是下面这个定理的证明。

定理:平行四边形两条对角线的平方和等于四个边的平方和。

如果一个初中生做这道证明题的话,那他只能用辅助线的方法了,因为这里涉及多条线段的平方,自然会想到运用勾股定理,所以需要画出垂线作为辅助线。下面是完整的证明。

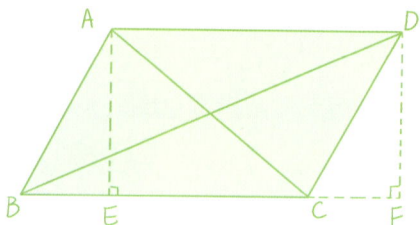

证明（辅助线方法）： 如上图所示，分别过点 A 和点 D 做 BC 的垂线，垂足分别为 E 和 F。根据 $\triangle ABE \cong \triangle DCF$ 得出 $AE = DF$，$BE = CF$。

对 $\triangle BDF$，$\triangle ABE$ 和 $\triangle ACE$ 运用勾股定理得：

$$BD^2 = BF^2 + DF^2 = (BC + BE)^2 + AE^2$$

$$AC^2 = CE^2 + AE^2 = (BC - BE)^2 + AE^2$$

$$AB^2 = BE^2 + AE^2$$

将前面两个等式相加，并利用第三个等式，得到：

$$AC^2 + BD^2 = 2BC^2 + 2BE^2 + 2AE^2 = 2BC^2 + 2AB^2$$

证毕

这个定理也可以用余弦定理证明，不需要任何辅助线：

证明（余弦定理方法）：

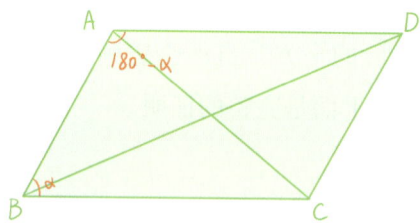

对 $\triangle ABC$，$\triangle ABD$ 运用余弦定理得：

$$AC^2 = BC^2 + AB^2 - 2AB \cdot BC \cdot \cos \alpha$$

$$BD^2 = AD^2 + AB^2 - 2AB \cdot AD \cdot \cos(180° - \alpha)$$

$$= BC^2 + AB^2 + 2AB \cdot BC \cdot \cos \alpha$$

将两个等式相加，立刻得到：

$$AC^2 + BD^2 = 2BC^2 + 2AB^2$$

证毕

还可以用坐标方法证明这个定理：

证明（坐标方法）：在下图中，我们以 B 为原点，以 BC 为 x 轴建立直角坐标系，假设点 C 的坐标是 $(a, 0)$，则点 A 的坐标是 (b, c)，点 D 的坐标是 $(a + b, c)$。根据两点距离公式：

$$AB^2 = CD^2 = b^2 + c^2$$

$$BC^2 = AD^2 = a^2$$

$$AC^2 = (a - b)^2 + c^2$$

$$BD^2 = (a + b)^2 + c^2$$

代入计算得到：

$$AB^2 + CD^2 + BC^2 + AD^2 = AC^2 + BD^2。$$

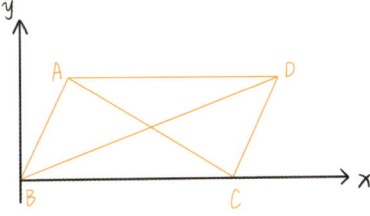

证毕

最后登场的是向量方法，证明非常简洁：

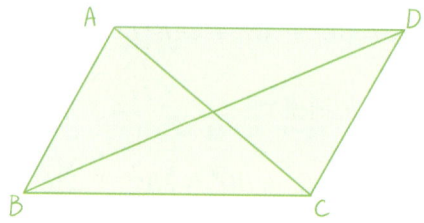

证明（向量方法）：

$$\overrightarrow{AC}^2 + \overrightarrow{BD}^2 = \left(\overrightarrow{AB} + \overrightarrow{BC}\right)^2 + \left(\overrightarrow{BC} + \overrightarrow{CD}\right)^2$$
$$= \left(\overrightarrow{AB} + \overrightarrow{BC}\right)^2 + \left(\overrightarrow{BC} - \overrightarrow{AB}\right)^2$$
$$= 2\overrightarrow{AB}^2 + 2\overrightarrow{BC}^2$$

证毕

同一个定理，分别有几何方法、余弦定理方法、坐标方法、向量方法四种证明方法，而且每种方法都是非常典型和具有代表性的。

为什么会有这种有趣的现象呢？因为这四种解法是相通的。

首先，这道题的几何方法是多次运用勾股定理。不过用余弦定理方法可以更快奏效，因为余弦定理本身的几何证明也是多次用到了勾股定理，需要强调的是，余弦定理也是勾股定理的本质推广。

这道题用坐标方法中的两点距离公式也很快奏效，因为其本质就是勾股定理！

最后，用向量内积运算证明这道题是最简洁的，实际上余弦定理（包括勾股定理）最深刻、最简洁的证明就是使用向量内积运算的证明。

你们看看，简简单单的一道题目，可以折射出这么丰富的数学知识及其之间的各种关联，这样的一题多解才是真正值得花大量时间领悟的。

第三节 新方法，新知识体系的试金石

数学学习过程也是新旧方法、新旧知识体系不断更迭、拓展的过程。当你每次学到一种新的方法或新的知识体系时，你会发现，总有一些数学题是天然适用这种新的方法或新的知识体系的。最典型的例子就是学到二元一次方程组时所接触到的各种鸡兔同笼型应用题，这个例子在本书中已经多次提到。接下来我们再举两个典型例题。第一道题是一道简单的平面几何证明题：

已知 AD 是 ABC 的角平分线，证明 $\dfrac{AB}{BD} = \dfrac{AC}{CD}$

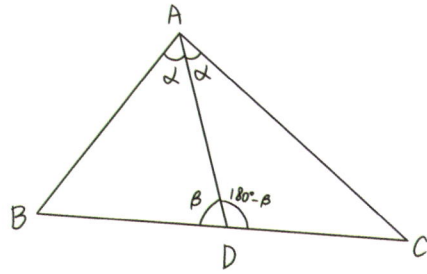

这道题有典型的辅助线证明方法：

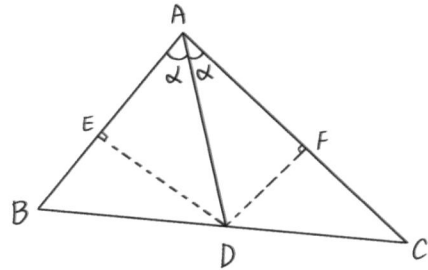

证明：过点 D 分别做 AB 和 AC 的垂线，垂足分别为 E 和 F。因为 AD 是 $\triangle ABC$ 的角平分线，所以 $DE = DF$，所以 $\triangle ABD$ 和 $\triangle ACD$ 的面积比值为 $AB : AC$。另外容易看出 $\triangle ABD$ 和 $\triangle ACD$ 的面积比值等于 $BD : CD$，所以 $AB : AC = BD : CD$，即 $\dfrac{AB}{BD} = \dfrac{AC}{CD}$。

证毕

注意这道题前提是两个角相等，而要你证明的是边的比例等式，所以很自然会想到对这两个相等角所在的三角形运用正弦定理，实际上这道题正是正弦定理的试金石。

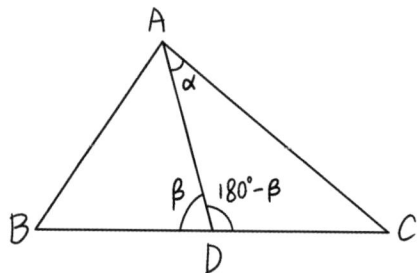

证明：对 $\triangle ABD$ 和 $\triangle ACD$ 运用正弦定理得到：

$$\frac{BD}{\sin \alpha} = \frac{AB}{\sin \beta}, \quad \frac{CD}{\sin \alpha} = \frac{AC}{\sin\left(180^\circ - \beta\right)} = \frac{AC}{\sin \beta}$$

联立两式得：

$$\frac{AB}{BD} = \frac{AC}{CD}$$

证毕

第二道例题是求下面这个圆的半径：

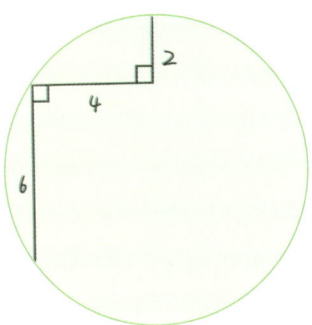

这道题，是非常具有迷惑性的，因为很多人第一眼就认为长度为2的线段可以延长为直径，所以认为直径等于10，但是题目本身并没有指出这是直径，虽然它确实是直径。但你要说明它为什么是直径，不能直接拿来就用，直接用就做错了，虽然最后答案是对的。

对于初中生而言，这道题可以这么做，为了说明它是直径，你需要先严格证明$BC=10$，再求出另外两个边分别等于$2\sqrt{5}$和$4\sqrt{5}$，然后，利用勾股定理的逆定理……

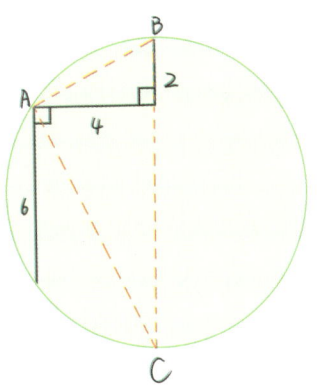

但这种做法首先比较麻烦，其次有运气成分，因为这条线段刚好是直径，但如果解出来发现三角形不是直角三角形怎么办呢？

对于学过圆的平面方程的高中生而言，这道题还有一种非常简洁明了的办法：

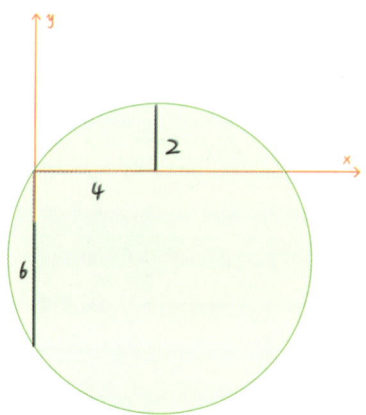

如上图所示建立直角坐标系，这时，圆上这三个点坐标分别是 $(0, 0)$，$(4, 2)$，$(0, -6)$。因为过原点，所以可以假设圆方程是：

$$x^2 + y^2 + ax + by = 0$$

代入点 $(4, 2)$，$(0, -6)$ 就可以求出 $a = -8$，$b = 6$。再化成圆的标准方程

$$(x - 4)^2 + (y + 3)^2 = 25$$

就可以求出直径等于10。

如果这三条垂线长度不是2，4，6而是其他数值，用这种坐标方法仍然可以轻松求出直径。

为什么说这是一道好的数学题呢？因为这道题是解析几何中坐标方法的典型应用，思路简洁清晰，充分体现了坐标方法的优势。

第四节 什么是"不好"的数学题?

其实绝大部分数学题本身是没问题的,只是在某些背景之下才成为"不好"的数学题。许多趣味数学题本身是很有趣的,许多孩子也很喜欢自主思考这类题目,可是一旦被小学奥数书收录,并以讲解例题、训练习题的方式呈现出来的时候,趣味性就荡然无存了,就变成"不好"的数学题了。

有位读者曾经问我:"风云老师,你不是说速算巧算技巧都不值得学吗,那么人教版四年级运算定律这一章的练习算不算是速算巧算的题目呢?"

1.计算下面各题,怎样简便就怎样计算。

60 + 255 + 40	282 + 41 + 159	548 + 52 + 468
800 − 138 − 162	672 − 36 − 64	672 − 36 + 64
13 + 46 + 55 + 54 + 87		5 + 137 + 45 + 63 + 50

课本上的这些习题,严格来讲,确实也是属于速算巧算的题目。但是,在运算定律这一章安排这些习题,目的是让孩子学会运用运算定律做简便计算,所以重点是运用运算定律,不是速算巧算。小学奥数中也有大量复杂的速算巧算题目,它们更多是以速算巧算为目的,当出题的导向偏离了中小学数学体系的主干时,这类题目往往就是"不好"的。

小学奥数中还有一类求阴影面积的专项题型,比如下面这道题:

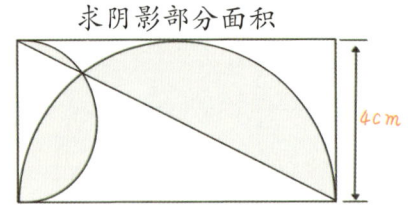

用求面积的出入相补法，就可以求出来：

阴影部分面积 = 大半圆面积 + 小半圆面积 − 三角形面积

这么一提示，这道题好像也不难。但是，我曾经在一个数学学习群中考大家这个问题，有不少中学数学老师都想不到这种出入相补法。

所以这道题目绝对称不上简单，尤其是一个小学生，如果没有提示，如果没有熟悉这类题型，他很难想到解法。

所以，这些用出入相补法求面积的专项题型就是典型的"不好"的数学题，尤其是用于专项训练的时候，因为这些题型的内容方法已经远远偏离了数学体系的主干。

还有一类题目也可以称得上是"不好"的数学题，就是那些需要高度技巧性，或者求解过程非常复杂的数学题，不论是在小学奥数中，还是在中学奥数中都存在大量这类题目。比如下面这道求表面积的小学奥数题：

1个大正方体、4个中正方体、4个小正方体拼成右图的立体图形，已知大、中、小三种正方体的棱长分别为5厘米、2厘米、1厘米，那么，这个立体图形的表面积是_____平方厘米。

再比如，下面这道数学竞赛中的平面几何题：

2020 年中国数学奥林匹克（CMO）第二天试题

4.锐角 $\triangle ABC(AB > AC)$ 的外接圆为圆 O，M 为劣弧 $\overset{\frown}{BC}$ 中点，K 为 A 的对径点。过 O 作 OD 平行 AM，交 AB 于 D，交 CA 的延长线于 E。直线 BM 交直线 CK 于 P。直线 CM 交直线 BK 于 Q。求证：$\angle OPB + \angle OEB = \angle OQC + \angle ODC$。

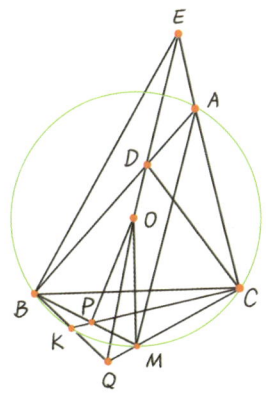

这类题，感兴趣的同学可以想一想，但对于大多数学生而言，应该把时间主要用在领悟那些好的数学题上，要细细揣摩，吃深吃透。所以，学会识别好的数学题和"不好"的数学题是非常重要的。

第十六章

常规通用方法与
特殊巧妙方法

这篇文章将以一道网红题为引子，并以小学、初中、高中数学中的许多知识板块为例，讲述数学学习方法论的一个最核心要点。这个方法论核心要点将贯穿整个数学学习过程。

第一节　从一道网红题谈起

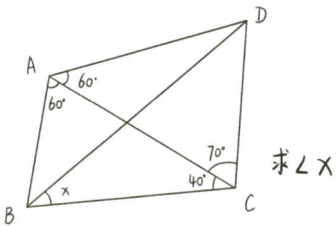

我们先从上面这一道网红题谈起。仅从已知的四个角出发，如何求出∠x呢？该如何把握这五个角的数量关系呢？

注意这五个角都在$\triangle ABC$，$\triangle ACD$和$\triangle BCD$之中，而且这三个三角形有多个边重合。所以正常的思路就是把握住这三个三角形的边角关系，这里很自然就会想到对这三个三角形利用正弦定理。下面是具体的解答。

解：对$\triangle ABC$和$\triangle ACD$运用正弦定理得到：

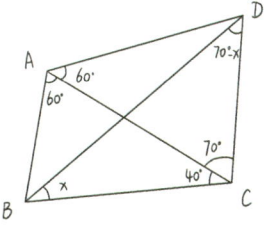

$$\frac{BC}{\sin 60^\circ} = \frac{AC}{\sin 80^\circ} \; , \quad \frac{DC}{\sin 60^\circ} = \frac{AC}{\sin 50^\circ}$$

联立这两个等式得到：

$$\frac{BC}{\sin 50^\circ} = \frac{DC}{\sin 80^\circ}$$

对 $\triangle BCD$ 运用正弦定理得到：

$$\frac{BC}{\sin\left(70^\circ - x\right)} = \frac{DC}{\sin x}$$

联立两个比例式得到：

$$\frac{\sin\left(70^\circ - x\right)}{\sin 50^\circ} = \frac{\sin x}{\sin 80^\circ}$$

利用倍角公式化简得到：

$$2\sin 40^\circ \sin\left(70^\circ - x\right) = \sin x$$

容易看出 $\angle x = 40^\circ$ 会满足这个等式。

解答完毕！

看完这道题的解答之后，你可能会问，这道题是否有更简单巧妙的解法？

确实有！

延长 BA 至点 E，延长 BC 至点 F，这时你会发现 AD 是 $\angle CAE$ 的角平分线，CD 是 $\angle ACF$ 的角平分线。

这时我们要使用平面几何中的一个基本定理：

一个角内部的一个点到角两边的距离相等当且仅当这个点落在角平分线上。

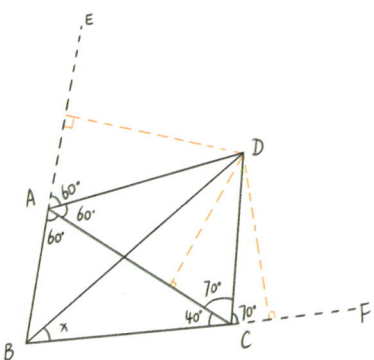

根据这个定理，上图中的三条红色的垂线段都相等，再次利用这个定理可得 BD 是 $\angle ABC$ 的角平分线，由此可以直接求出 $\angle x = 40^\circ$。

第二种方法（使用辅助线）看上去确实很巧妙，甚至连计算步骤都避免了。但是这种巧妙的方法仅仅适用于有两条角平分线的特殊情况，如果把这道题的 60°，40°，70° 随便哪个角度稍作改动，这种方法就立刻失效了。

第一种方法（使用正弦定理）虽然看上去比较麻烦，但是这种方法是非常通用的，即使把这道题改为下面这道非常一般的证明题目时，这种三角（函数）方法依然适用，解答步骤也是完全类似。

证明题：已知下图所标示的两个角相等，求证：

$$\frac{\sin \angle BDC}{\sin \angle ADC} = \frac{\sin \angle DBC}{\sin \angle ABC}$$

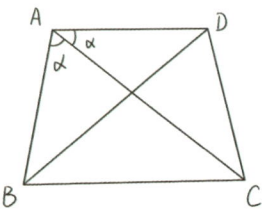

第一种方法是一种典型的常规方法、通用方法，用按部就班的思路解题；而第二种方法则代表典型的巧妙方法，但这种方法需要用到两对角的角度相等的条件和多条辅助线，相对而言，是属于比较特殊的方法。

这里已经涉及关于数学学习方法论的一个非常核心的问题：

数学学习，究竟是应该追求常规方法、通用方法，还是追求特殊方法、巧妙方法？

接下来，我们来考查更多这方面的例子。

第二节　通用方法和特殊方法的典型例子

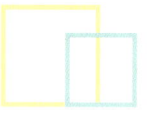

其实，类似的例子在中小学数学学习中到处都有，小学生学加减乘除计算，竖式计算是通用方法、常规方法。此外，对于特殊的计算，

往往会有一些速算巧算的技巧，比如 $99 \times 68 = 6800 - 68$，还有个位数相加等于 10 且十位数相等的两位数相乘，比如 32×38……

这些速算巧算的技巧，种类非常繁多，五花八门，千奇百怪，我认为小学生根本没必要专门去学这些东西。你只需要好好掌握竖式计算方法就可以了，只需一种方法，就可以搞定所有计算。

小学生到了高年级往往都会接触鸡兔同笼型的应用题，因为还没接触二元三元一次方程组，为了解这些应用题，小学数学老师或者小学奥数老师常常教授五花八门的特殊算术解法，比如和倍、和差、假设法……

其实学这些玩意纯属浪费时间，等你到初中学了二元三元一次方程组解应用题，只需一种方法，无数这类问题通通搞定，各种技巧全部消失殆尽！

初中数学之后，你就会发现，鸡兔同笼型的应用题慢慢隐退、消失了，消元法和方程思想本身才是中学数学体系的根基。

中学的数学学习中，也有许多这样的例子。比如这一章开头介绍的那道网红题，虽然用辅助线方法给人的感觉是非常巧妙，但这道题中随便哪个角稍作改动，这种方法立刻失效，而三角法却非常通用，解题思路也很常规，不管什么角，最终总能得到一个等式关系。

辅助线技巧在应对平面几何难题时往往都是如此，尽管种类繁多，但其实它们的适用范围是非常窄的，所以在用辅助线技巧解几何难题方面，学生为了应付中考的几何压轴题，往往要训练大量的几何辅助线证明题型。

相比之下，三角法和坐标法应对平面几何难题是比较通用的，尤其是三角方法（正弦定理，余弦定理，倍角公式），非常通用，非常强大。

中学数学中关于通用方法和特殊方法的另一个非常典型的例子就是求解一元二次方程。求解一元二次方程有两种典型方法：配方法和十字相乘法。以前的初中数学教材中还有十字相乘法，现在已经删除了。在这里，配方法就是典型的通用方法，不论一元二次方程是有理数解还是无理数解，不论是实根还是虚根，配方法都是通用的，哪怕是三次、四次方程，再到多项式运算、二次曲线坐标变换化简（比如通过配方法求圆方程的圆心坐标和半径），以及其他算术系统中，配方法都是基本方法。

相比之下，十字相乘法只能处理一元二次方程有有理数解的特殊情况，而且还需要凑数。考试如果碰到一元二次方程，你凑半天数才发现方程没有有理数解，那你还得用配方法。

当然了，我不是说十字相乘法不值得掌握，十字相乘法解一些非常特殊的一元二次方程（比如 $x^2 - x - 6 = 0$）时，也有一定的优势，但在这里大家一定要认识到配方法才是大道，十字相乘法只是小道。

还有一个非常典型的例子——出入相补法和穷竭法求面积和体积。

我发现小学教辅书，尤其是一些奥数宝典中有大量出入相补法求阴影面积的题目，简直就是千奇百怪。这些题目，哪怕做一万道，也纯属浪费时间，不会提升你对面积、体积概念的理解层次。

因为，用出入相补法只能求非常规则或者非常凑巧的图形面积，虽然这种方法很多时候给人非常巧妙的感觉，但其实它的适用范围是非常窄的。

然而，穷竭法就不同了，它的思路看上去很笨，用规则图形不断逼近不规则图形以期达到求解目的，但是理论上它可以求任意精确的面积和体积，实际应用的时候，它真正能求出准确解的范围也比出入相补法宽广许多。和出入相补法相比，穷竭法就是一种典型的通法。

椭圆面积、锥体体积、球体体积、球体表面积、抛物线曲边三角形……所有这些出入相补法失效的地方，统统都可以用穷竭法推导求解。穷竭法在思想上已经非常接近微积分中的积分理论了。

我再举个非常重要的例子，就是高中的立体几何。立体几何中也用到一些简单的辅助线技巧，但是，等你学到空间向量及其在立体几何中的应用的时候，你就明白了，为什么要学空间向量，为什么要将向量方法运用于立体几何。相比之前的辅助线方法，向量方法代表着更高层次的数学思想，而立体几何可谓是向量方法的天然试金石。

此时，初中阶段过分依赖，甚至迷恋辅助线技巧的恶果开始暴露出来了。许多立体几何大题都有两种方法：辅助线方法和向量方法。许多学生总是喜欢选择前者，因为有几何直观，而后者是用代数运算彻底代替了几何直观，很多学生觉得很抽象，难以捉摸，心理上难以接受。但是这种抽象恰恰体现了向量思想的精髓，其实往往越高层次的数学越抽象，学数学就不能畏惧抽象，而要学会坦然接受抽象。

在立体几何和向量方法这一个点上，一定要大胆迈出这一步，如果仅仅停留在辅助线技巧上，那么从平面几何到立体几何，数学知识量会增加，但层次几无提升。

还有一个更重要的原因是，处理立体几何问题时，向量方法是典型的通用方法，适用范围非常广，解题思路也很常规，而辅助线技巧的适用范围则非常狭隘。希望读者能在许多立体几何题目中体会这一点。我举一个典型例题：

求证：空间四边形 $ABCD$ **的对角线** AC **和** BD **垂直当且仅当两组对边的平方和相等。**

这是勾股定理及其逆定理的本质推广，用向量方法证明这个结论就是按部就班的向量演算。下面是完整的证明。

证明：

$$\overrightarrow{AB}^2 + \overrightarrow{CD}^2 - \overrightarrow{BC}^2 - \overrightarrow{AD}^2$$

$$= \left(\overrightarrow{AB} + \overrightarrow{BC}\right) \cdot \left(\overrightarrow{AB} - \overrightarrow{BC}\right) + \left(\overrightarrow{CD} + \overrightarrow{AD}\right) \cdot \left(\overrightarrow{CD} - \overrightarrow{AD}\right)$$

$$= \overrightarrow{AC} \cdot \left(\overrightarrow{AB} - \overrightarrow{BC} - \overrightarrow{CD} - \overrightarrow{AD}\right)$$

$$= -2\,\overrightarrow{AC} \cdot \overrightarrow{BD}$$

所以 AC 和 BD 垂直当且仅当两组对边的平方和相等。

证毕

这个证明方法非常优美简洁，整个证明过程都不需要借助任何几何直观，甚至都不需要画图，这充分体现了向量方法的威力，而用辅助线方法证明这个定理将万分复杂。希望读者仔细体会其中的区别。

我再举最后一个例子——数列和归纳法。高中常常会碰到许多数列证明题，比如各种求和公式、数列等式。处理这些问题的时候，归纳法就是典型的通用方法，证明思路虽然非常常规，却几乎可以通杀。

当然，针对不同的具体问题，也有不同的证明方法，比如课本中等差等比数列求和公式的证明，就用了其他的典型方法，也值得掌握。

有不少数列的等式都存在各种无字"证明"、图形"证明"，这些"证明"往往很有意思，很容易激发学生的数学兴趣，比如奇数序列求和公式：

$$1 + 3 + 5 + \cdots + (2n - 1) = n^2$$

就可以用下面这个图形"证明"：

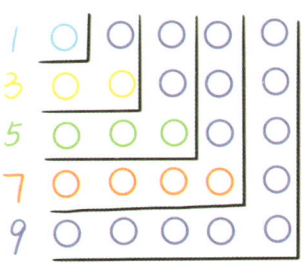

但是，须知，到了真正学数学的时候，数学归纳法才是通用方法，才值得花大量时间掌握、领会。

而且，这些花样百出的证明方法，其实质就是归纳证明，比如上面这个图形"证明"，如果你将它用严格的数学语言写出来，你会发现，这就是归纳证明。

关于数列的各种定理和等式的归纳证明，往往都会用到一些代数演算，所谓的图形"证明"，其实就是将某些代数演算伪装为图形构造。但是能顺利伪装为图形构造的代数演算并不多，所以图形"证明"是典型的特殊方法。

 第三节　通用方法、常规方法往往才是正道

好了，我举的例子够多了，让我们回到原先的问题：

数学学习，究竟是应该追求通用方法、常规方法，还是追求特殊方法、巧妙方法？

这个问题不能回答得太绝对，所谓的通用方法和特殊方法也只是相对而言的。穷竭法相对出入相补法是通用方法，相对定积分求面积就是特殊方法了。

但是，就初等数学，或者中小学数学的学习而言，绝大多数情况下，要优先学习掌握通用方法、常规方法，不论是教还是学，都要把千钧之力放在对通用方法的传授、理解、领悟之上。

首先，从学习效率的角度来看，用尽可能少的方法解决尽可能多的题目，甚至一法通杀，才是数学学习的正道。

在个别或者一些特殊的数学题目上追求所谓的巧解妙解，很多时候意义都不大。

但这还不是追求通用方法、常规方法解决数学问题的最重要原因。最重要的是它们具有普适性，往往会关联和衍生出数学最核心的根基内容，会陡然提升你的数学层次和境界。

至于那些题目本身，到了后期，往往都被逐渐抛弃了，而针对这些题目的所谓巧妙的特殊方法，往往更是微不足道的。

现在，我们再回看本章最开始的那道网红题，相比第二种巧妙的方法，第一种三角方法看起来感觉确实有些笨拙。

相比许多特殊巧妙的解题方法，常规通用的方法确实给人笨拙的感觉。

然而，如果把特殊巧妙的解题方法比喻为刀剑、手枪等轻便的武器，那么常规通用的方法就很像坦克、炮弹、导弹等重型武器，携带搬运都非常笨重。但是这些重型武器一旦展开，其威力将远远碾压那些轻便武器。

我们的数学教育环境，经常会将发现一些巧妙特殊的解题方法看成是一种数学天赋。其实，很多时候，这些都谈不上是真正的数学天赋，只是一种小聪明和智商高的体现。

至于那些只会老老实实用常规通用方法解题的孩子，他们未必是不聪明，也有可能是他们充分认识到了通用方法的巨大威力，这种认识需要一定的格局和眼界。

学数学，并不需要多高的智商，但一定要有格局和眼界，需要能识别什么是大道，什么是小伎俩。

很多沉迷解题技巧、沉迷数学竞赛的孩子，给人的印象都是智商有余，而格局和眼界却太狭隘。

第十七章

究竟什么才是数学学习最重要的基本功?

关于数学学习，很多家长都希望从小给孩子打好基本功，希望基本功越扎实越好。

但是，在给孩子打好数学基本功之前，家长是不是应该了解一下，究竟什么才能算是数学学习的基本功？

在数学教育圈最流行、最庸俗的一个观点就是：小学的加减乘除计算是基本功。

所以，很多家长老师会让孩子过度地训练加减乘除计算，要算得又快又准，甚至训练口算，不用动笔。

还有一种流行的观点认为，会做题，会做各种各样的数学题才是数学学习的基本功，所以很多家长很喜欢搞数学错题本，认为只要针对错题查漏补缺，孩子作业和考试的数学题目就都会做正确，这就是数学的基本功。

还有很多家长很喜欢收集一些数学刷题宝典，然后给孩子安排做题，他们认为会做各种各样的数学题，会做很难的数学题就是数学学习的基本功。

看过本书前面内容的读者应该都知道，这些根本不算是基本功！

还有一种观点认为，数学是推导证明、逻辑演绎的学科，所以逻辑推理能力是最重要的基本功。

其实趣味数学中就有许多逻辑推理题，还有大量的字谜题、数独题，都是考查逻辑推理能力的，也确实有这样一个爱好者群体，对这些题非常拿手。但是，这种爱好者群体和真正的数学高手群体却没多少交集。其实逻辑推理只是数学很小的一部分，数学远远不止逻辑推理，逻辑推理能力也绝不是最核心的数学能力和最重要的基本功。

我在本书多个地方强调数学兴趣的重要性，所以很多读者可能会认为，对数学的兴趣就是最重要的基本功。

没错，数学兴趣确实非常重要，但单单数学兴趣也是不够的。

数学兴趣也是五花八门的，也有深浅之分，也需要引导。有些孩子非常痴迷各种趣味数学题，对深刻抽象的数学主干体系的内容却并不感冒，还有些小学生喜欢挑战很难的小学奥数题，对基本核心的数学概念却浅尝辄止，缺乏思考。所以我认为，单单数学兴趣还不能算是最重要的基本功。

在这一章中，我将非常清晰地告诉大家，究竟什么才是数学学习最重要的基本功。

第一节　从0谈起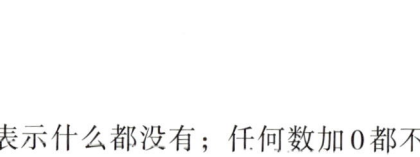

我们都知道，0表示空无，表示什么都没有；任何数加0都不变，3 + 0 = 3，12 + 0 = 12；三只小鸟的窝中飞出三只小鸟之后，鸟窝就空了，所以3 − 3 = 0，同理，任何数减去它自身都等于0；我们还知道，任何数乘0都等于0。

这些关于0的数学知识，在今天的我们看来真是稀松平常。但是，在数学史上，0作为独立的数被引入，并参与数学运算是件开天辟地的大事！如果说1，2，3，4⋯这些自然数的历史有几百万年的话，0这个数的历史只有短短一千多年。

为什么呢?

如果说 1，2，3，4…代表的是具体事物的数量抽象，是代表"有"，那么0则代表"无"，所以是一种更高层次的抽象。

大约在公元9世纪的时候，印度人进行了这次概念性的飞跃，他们首先将0作为一个独立的数参与运算。

站在今天的角度来看，我们很难想象没有0的数学，也很难想象为什么9世纪之前的古人不引入0作为独立的数参与运算。这并非数学水平的问题，古希腊的数学家数学实力够强了吧，欧几里得演绎推导整个几何体系，阿基米德是微积分的先驱，但他们就是没有实现0这一步抽象化的进程。

比0更抽象的是-1这样的负数，今天的我们已经习惯了负数，比如电梯中的-1层，天气预报中的-5度。但是历史上负数的引入是一个非常漫长的过程，如果说0表示"什么都没有"的话，当时的人们无法想象比"什么都没有"的0还要小的数。

直到公元17、18世纪，欧洲数学家才普遍知晓负数及其运算，比如 $-4 + 5 = 1$，$(-1) \times (-1) = 1$（即负负得正），但当时还是有许多数学家对理解和接受负数这种概念有很强的抵触心理。

等到18世纪的欧洲数学家好不容易彻底接受了负数和负负得正等运算法则之后，又要面对古怪的虚数i。

负负得正的运算法则告诉我们，无论是负数的平方还是正数的平方都等于正数，所以不可能有一个数的平方会等于-1。但是解代数方程的时候，常常又需要引入平方等于-1的虚数i。

0和负数也抽象，但人家好歹还有一些现实意义，比如欠债可以用负数表示。这个虚数 i 真的是太抽象了，没有任何现实意义，所以被人们称为虚数。如果说18世纪以前的许多数学家对负数有抵触心理，那么18、19世纪的许多数学家对这个虚数 i 则是抱着一种恐慌和厌恶的态度。

第二节　数学学习成败的一个临界点

为什么现在我们都能心安理得地接受0和负数，而历史上那些数学实力非常强大的数学家，却想象不到0或者非常抵触负数呢？

我认为，首要的原因在于，现代的数学教育从小就先入为主地向我们灌输了0和负数这些抽象概念，而古代的教育和历史文化环境却限制了古人的想象力，为古人的思维舒适区划出了一道壁垒。

0在小学一年级就接触了，负数在小学六年级就接触了，这只是数学抽象化的起点。

从0到负数、有理数，到实数，再到虚数、复数，这是一段抽象到底的学习路程。

从具体的数，到未知数，到方程、多项式、分式，再到函数，这又是一段抽象到底的学习路程。

从小学的简易几何，到初中的证明几何，再到高中的解析几何、空间向量,连最直观、最形象的几何也变得越来越抽象了。

可以说,数学学习的每一步前进,都是抽象化,都要面对更抽象的概念体系和更高的数学层次,这也是数学学习成败的一个临界点。

为什么很多数学成绩很好的小学生升入初中之后,数学一败涂地?因为小学的几何题绝大部分都是计算周长、面积、体积等,而到了初中,几何变成需要推导证明,还要寻找辅助线,这是一个全新的几何体系,思维层次悬殊,很多学生根本无从适应。

面对更抽象的概念体系,真正数学能力很强的人能看出新体系的自洽性和合理性,能说服自己在心理上接纳这些全新的东西。至于那些很有数学天分的人,他们面对更抽象的概念体系甚至会有一种似曾相识或相见恨晚的感觉。

绝大部分学生面对全新的抽象数学概念体系时,都会像古人面对负数、虚数一样表现出一些抵触或者厌恶心理,因为这种全新的概念体系突破了他们的思维舒适区。绝大部分学生都需要一个过程来调整他们的思维舒适区,需要时间来习惯和消化全新的抽象数学概念体系。

数学卷面成绩是非常具有迷惑性的,因为无法在心理上接受全新的抽象数学概念体系也不一定会影响做数学题,做数学题只需要你知道运算规则和做题方法就可以了,未必需要你对概念有多少领悟。比如你对负数这个概念感到陌生,无法接受,但是只要你记住负数的各种运算规则,其实也能做好各种题。

但是,数学学习的衰败迹象,恰恰就始于对数学概念的陌生!

为什么很多初中数学成绩很好的学生到了高中,数学就变得一塌糊涂?

因为初中的数学概念体系更迭还不是很频繁，还有时间慢慢消化，还有些学生靠记住运算规则和做题方法也可以勉强维持数学成绩。

但是，到了高中，集合、不等式、解析几何、向量、复数、函数求导……各种全新数学体系频繁更迭，让人应接不暇，根本不允许你慢慢消化抽象概念。

还有，面对高中庞大的数学概念体系和大量的数学题型，初中的学习模式几乎已经行不通了，没有对概念知识的领悟，不能够触类旁通和融会贯通，是无法适应高中的数学学习的。

我接触过两个高中的亲戚小孩，那个数学水平绝不是一些题会做、一些题不会做的问题，他们给我的印象就是对各种非常基本的数学概念和数学结论都感到非常陌生、茫然，这种情况，查漏补缺都没用了，恐怕要从最基本的概念开始重新学习了。

第三节　什么才是数学学习最重要的基本功？

究竟什么才是数学学习最重要的基本功？

通过上面的分析，我们现在可以给出答案，数学学习最重要的基本功有两个层面：

第一个层面就是对核心数学概念的理解和领悟能力，对于全新的数学概念体系，你能理解、领悟、联想发挥到什么地步，这几乎就直接决定了你的数学水平高低。

另一个层面就是对数学抽象化进程的适应能力，当更抽象、更高层次的数学概念体系接踵而至的时候，你能适应到哪个抽象程度，将直接决定你的数学层次。

绝大部分人数学水平的天花板就是高中数学了，为什么呢？

因为高中数学的抽象性已经突破了普通人的适应能力了，单单一个虚数i就能让普通人完全傻眼。

还有很多高中数学学得很好，甚至数学竞赛表现得很优异的学生，进入名校数学系读数学专业时，却一败涂地。

为什么？

数学系第一门也是最重要的一门专业课就是数学分析，严肃的数学分析课程一开始就是实数构造理论，什么戴德金分割、柯西序列……这些玩意比高中的数学抽象多了，很多数学系新生根本无法适应这种抽象，在心理上无法接受这种全新的抽象概念体系，最后学崩了。

不论是对核心数学概念的理解和领悟能力，还是对数学抽象化进程的适应能力，其实说的都是一回事，因为数学学习越往后，新的数学概念体系就会越抽象。

第四节　第一点建议——　了解一些数学史

面对全新的抽象数学概念体系，你可能会觉得困惑、抵触，甚至厌恶。关于这个问题，我的一个建议是多了解一些数学史，因为历史上的那些数学家也碰到过这种问题，建议了解一下数学史上人们对待全新的抽象数学概念体系，是如何从一开始抵触厌恶到最终欣然接受的。

任何新的数学概念的引入都不是空穴来风，都有强烈的动机。了解历史上的数学家为什么要引入这些新的数学概念，无疑能加深对概念本身的理解。

历史上，围绕一套全新的抽象数学概念体系，都有各种典故和传说，比如古希腊毕达哥拉斯学派的成员希伯斯因为发现无理数而被学派其他成员抛入大海的传说，毕达哥拉斯因为证明勾股定理而宰杀一百只牛的传闻，笛卡尔受天花板上蜘蛛活动轨迹的启发发现了坐标概念的故事……了解数学史上的这些典故和传说，也可以让你对抽象的数学概念有更感性的认识。

关于数学历史书的推荐，可以关注我的公众号栏目"风云荐书"。

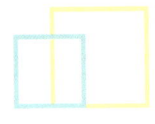

第五节　第二点建议——养成思考、追问、反思的习惯

我发现很多中小学学生对数学概念的理解都是浅尝辄止，只满足于会利用概念做题即可，大部分数学老师也没有引导孩子思考概念的习惯，因为他们不愿意"瞎折腾"，认为还是教孩子做题最靠谱。这种教学方式只能勉强应付当下的数学学习，但是很难维持长远的学习。

我认为一个好的教育或家庭环境应该鼓励孩子追问、反思数学概念本身。比如：

"有没有一个数，比所有其他的数都大？"

"0不是表示什么都没有吗，那为什么还会有个0？"

"为什么五大运算定律都是关于加法、乘法，为什么没有关于减法或除法的运算定律？"

"0为什么不能做除数？"

"会刚好存在两条直线，无论怎么延长都不会相交吗？"

……

我认为数学，除了做题外，还可以引导和鼓励孩子问这些稀奇古怪的、"无用"的问题，思考追问这些问题能让孩子对数学概念更有感觉，有更深刻的认识，不会对其感到陌生、茫然。

看到这里，不少读者可能会关心这个问题：

当新旧数学概念体系交替的时候，该以什么样的方式思考全新的数学概念体系呢？

注意，数学这门学科和物理学不一样，物理学新理论都是直接推翻旧理论，牛顿推翻亚里士多德的体系，爱因斯坦推翻牛顿的体系。但数学的新体系永远不会推翻旧体系，只是继承、推广、拓展，整个数学抽象化过程都是一脉相承、绵绵不绝的。

关于这一点，我可以举几个典型例子。

比如，引入分数及其加减乘除运算之后，一定要回顾之前的小数及其加减乘除运算，一定要意识到小数是特殊的分数，小数的运算法则就是分数的运算法则。更要意识到自然数也是特殊的分数，比如5=5/1，1=1/1，分数的加减乘除运算也是自然数加减乘除运算的扩展。所以分数的定义是自然数、小数的数系扩充！

再比如，初次接触负数的时候，你可能会觉得负数很抽象，但是负数，以及负负得正的运算法则，整套有理数运算体系，其实也满足五大运算定律，之前的所有运算法则仍然保留下来，所以这套有理数运算体系其实是继承和拓展了之前的自然数分数算术体系。后面引入虚数i的时候，仍然是继承和拓展。而且数系的每一次扩充，都可以结合数轴和坐标，用几何辅助思考。

我们最后再举个例子，初中的几何体系学的是平面几何辅助线证明，到了高中开始学三角学，包括任意角的正弦余弦函数、正弦定理、余弦定理、倍角公式，等等。

三角学和初中的平面几何看似截然不同，但是，如果认真留意，你就会发现其实三角学和初中的平面几何也是一脉相承的，三角学中的这些核心概念和结论已经浓缩了平面几何中一些最基本的结论。比如正弦定理、余弦定理就可以直接推出三角形的三个全等判定定理、三个相似判定定理、勾股定理及其逆定理，等等。

所以，面对全新的数学概念体系，你一定要回顾旧体系，思考新旧体系的继承和关联。

正所谓，"念念不忘，必有回响"。

一旦领悟了新旧体系之间的关联，你将会更有信心向前迈步。

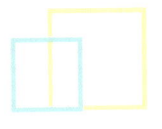

第六节　第三点建议——
了解一些西方哲学

在适应数学抽象化进程这一点上，我的一个建议是中小学生在恰当的时间接触一些西方哲学，尤其是亚里士多德、柏拉图、康德、休谟、笛卡尔、贝克莱等哲学家的哲学思想。

在这方面，我首先推荐古希腊哲学家柏拉图和他的哲学思想，其代表作是《理想国》。

以马为例，柏拉图认为现实世界中千千万万的马都不一样，各有各的优缺点，所以在现实世界中不存在真正完美的马，真正完美的马只是一种理念，只存在于理念世界，这种理念是从千千万万匹现实的马中抽象出来的。

再举个已婚女性熟悉的例子。我发现很多已婚女性喜欢抱怨老公，而且几乎都是一种腔调：

"你看看别人家的老公多会赚钱……"

"别人家的老公带孩子都这么有耐心，为什么你就一点耐心都没有……"

"为什么别人家的老公家务活做得那么好……"

她们往往都是拿别人家老公的优点和自己老公的缺点做对比，所以她们口中的这个"别人家的老公"就是一种完美的老公，集合了所有老公的优点，这样的老公可能只能存在于理念世界，在现实中很难找到。

扯远了，现在我们回到数学！

其实数学就是一门关于理念的学科，数学中几乎每个概念都是一种理念。

我举个最简单的例子，长长的轨道、笔直的树干、拉直的头发丝……从这些事物中人们抽象出了直线和线段的概念。但是哪怕是再细长的头发丝也有宽度，至于直线和线段这种只有长度、没有宽度的几何对象，在现实世界中是根本不存在的，只能是一种理念。

所以，数学可以看作是一种从现实世界中抽象出各种理念的学科。

西方哲学也是。

数学这门学科，包括中小学数学，就体系和框架而言是来源于西方，其源头正是古希腊。

西方哲学的源头，也是古希腊。

你看看西方哲学的那些基本概念：我，意识，感官表象，经验世界，自在之物，时间，空间，上帝……每个概念都是一种抽象的理念。

所以，我认为，柏拉图的哲学是西方哲学的奠基。有人说过，整个西方哲学史都是在为柏拉图的哲学做注脚。其实整个西方的数学史，又何尝不是如此？

同为理念的学科，西方哲学和数学有两个共同点：高度抽象性和逻辑严密性。所以我认为接触西方哲学，尤其是柏拉图的哲学，非常有助于适应数学学习的抽象化进程。

那为什么是印度人最早把表示空无的0作为一个独立的数引入运算中？

因为印度哲学最核心的概念就是"空"，印度哲学的本体论甚至认为"空"就是万物最基本的元素，或者认为"空性"是万物最基本的特征。讲究四大皆空的佛教正是起源于印度。

所以0这个数最早由印度人引入并让其参与运算，真不是偶然！

我们都知道小学的绝大部分数学概念都是从现实生活中抽象出来的，也可以应用到现实生活中去，这是数学学习的初始阶段，确实要结合生活经验和实际应用。

但是小学阶段的这种数学学习经历也会有个"后遗症"，那就是，不少中学生面对新的数学概念的时候，常常会问这种问题：

"这个概念有什么实际用途，能用来干什么？"

数学概念本身首先是一种理念，是理念世界的东西，面对全新的数学概念体系，首先要思考它的抽象化，它的内在合理性和自洽性，要学会体验纯粹的理念精神。如果总是拘泥于现实世界，总是讲究实际用途，你会很难适应不断抽象化的数学学习进程。所以常常问这种问题的学生，往往学不好数学，这一类学生最需要西方哲学的启蒙。

现在我们推荐一些适合中学生和小学高年级学生的西方哲学书籍。首先推荐的当然是柏拉图的《理想国》，它非常通俗易懂。其他西方哲学名著如笛卡尔的《第一哲学沉思集》，贝克莱的《人类知识原理》，中学生也完全可以自主阅读。还有亚里士多德的《形而上学》，休谟的《人性论》和康德的《纯粹理性批判》，也可以考虑阅读。康德的书很难读，不过里面关于时间、空间的论述非常精彩，还是要争取了解一下。

如果觉得西方哲学原著很难读，也可以读一些西方哲学史或西方哲学导论、西方哲学名著导读。

如何引导孩子读一些哲学书，如何用哲学思想熏陶孩子，对家长也是一个很大的考验。

第十八章

发现数学之美

# 第一节　丑陋化的数学教育

一个有文化的家长，多少都会有点文学素养，都会看过一些文学名著，或者背过一些唐诗宋词。所以除了让孩子做语文题、写作文外，不少家长还会懂得带孩子朗诵一些脍炙人口的古诗，欣赏优美的文学篇章，培养孩子的文学审美。

可是，一到了辅导数学的时候，立刻就变得十分无趣：

"来，做题，做题，刷这本奥数宝典。"

"这道题跟你说了几百遍了，就是这么做，怎么老教不会？"

"今天的计算小超市做了没有？"

"来来来，我们一起看看这道题怎么做。"

在绝大部分家长的眼里，数学无非就是做题，小学低年级无非就是加减乘除计算题、应用题，到小学高年级和中学无非就是做各种各样千奇百怪的数学题！

岂止家长群体是这样，不少中小学数学教师也把数学仅仅看成是考试选拔的工具。如果一个中小学生不喜欢数学，讨厌数学，跑去问这种数学老师：

"老师，数学有什么用？我们为什么要学数学？"

大概率得到的回答是：

"因为考试要考啊，所以我们要做题，学数学就是要会做题！"

"这就是一种筛选智商的工具。"

跟这种数学老师学数学，就像跟屠夫学解剖医学，跟砌砖工人学建筑学，只能学到皮毛。

为什么数学教育会有这种丑陋化的现状呢？

一个更深层次的原因在于，整个中国社会普遍缺乏数学文化氛围。你看看各界文化人士中，有几个人能够像欣赏音乐、美术、文学一样欣赏数学？

第二节　发现数学之美

数学是一门非常优美的学科。其实，在中小学数学中，就有大量的审美点，比如用方程方法解较复杂的应用题的简洁性，$\sqrt{2}$ 不是有理数的证明，向量方法证明余弦定理，几何定理的复数证明，各种优美的几何图像……

再比如我在本书中提到的，数的加减乘除运算通过数轴和坐标平面，关联着几何（直线、平面）的平移、伸缩、旋转变换，这套数学思想本身就非常宏伟，绚丽多彩，中小学生也可以一步步接受、欣赏。

再以平面几何推导体系为例子，这套体系的优美之处在于，从少数几个公理出发，就可以推演出整个平面几何知识体系，里面的各种概念，比如点、线、面、三角形等，都是从现实中直接抽象出来，非常精炼、形象、直观——所有这些都能充分体现数学的美学意义。为什么不少学生刚接触平面几何的时候，都会很着迷？因为平面几何的这种美感会在学生心中引发共鸣，他会感受到平面几何的简洁、直观、优雅。

一个优秀的数学老师，会懂得在课堂上，用数学文化熏陶学生，引导学生欣赏数学之美。

看到这里，可能有很多家长会说：

"我不在乎什么数学文化、数学审美，只要我孩子会做题，考试能得分，能考入大学就行了。"

哪怕你只在乎数学考试和数学分数，培养孩子的数学审美、引导孩子欣赏数学这个关键点也不应被忽视。

我们都知道，数学学习是最需要内驱力的。如果对数学没有感觉、没有兴趣，单单靠做题和讲题，绝大部分孩子的数学学习之路是走不了多远的。

一个懂得欣赏优美文学篇章，读遍各种诗词名著的孩子，语文学习肯定不会差，多半还会很优秀。同样的道理，一个懂得在数学学习过程中欣赏数学之美的孩子，肯定会对数学有持久的好奇心与兴趣，这正是数学学习最核心的内驱力，这样的孩子，数学学习往往会很优秀。

我为什么一直提倡数学课外阅读，因为在数学课外阅读中展示数学之美要比正规数学课程灵活得多。我推荐数学名著和数学科普作品的一个最主要标准，就是看这本书是否能激发学生对数学的好奇心，是否能充分展示数学之美。

许多数学课外书都会介绍素数无限定理的经典证明。这个证明是用反证法，先假设素数只有有限个，所有这有限个素数按从小到大的顺序排列如下：

2，3，5，7，11，13，17，…，p

然后考虑这个数：

$n = 2 \times 3 \times 5 \times 7 \times 11 \times 13 \times 17 \times \cdots \times p + 1$

注意，n一定会被某个素数q整除（因为每个大于1的整数都可以分解为素数的乘积）。但是这个素数必然是落在我们所罗列的仅有的有限个素数中，所以q必然是落在我们所罗列的仅有的有限个素数中，所以$2 \times 3 \times 5 \times 7 \times 11 \times 13 \times 17 \times \cdots \times p$也会被$q$整除。由此就可以推出1被$q$整除，但1是不可能被素数整除的，所以原先的假设不成立。

这个证明非常简洁、优美、神奇，优秀的学生一定要懂得欣赏这种证明。

再比如，不少优秀的数学科普书都会介绍类似下面这种数学公式：

$$1 - \frac{1}{3} + \frac{1}{5} - \frac{1}{7} + \frac{1}{9} - \frac{1}{11} + \cdots = \frac{\pi}{4}$$

这个公式左边是有理数的加减，右边却是圆周率，看似毫不相关的来自两个不同世界的东西，居然可以用等号挂钩！

这，很神奇，也很优美！

一个中小学生初次见到这种公式，应当会很惊讶，会懂得欣赏这种公式的优美之处。数学教育的一个重要任务就是保护学生的这种好奇心，培养学生的这种数学审美观。

第十九章

数学学习中碰到
问题该怎么办?

第一节　多请教校内数学老师

如果孩子的数学学习碰到了问题，该怎么办呢？

很多家长居然会选择去网络上向一些数学教育自媒体打听。家长们可能会认为，一个数学教育自媒体能吸引几万甚至几十万粉丝，那肯定在数学教育上很有发言权。

其实教育自媒体现在都是零门槛，每个家长都可以注册自媒体，然后在自媒体上分享育儿经验。自媒体是这几年才刚刚兴起的，如果有些家长是早几年就开始做教育自媒体，那很容易就能积累许多粉丝。

那么，这些教育自媒体在教育话题上真的很有发言权吗？

真实的情况可能恰恰相反。以数学教育话题为例，我多次讲过，绝大多数家长对数学这门学科的认识还仅仅停留在加减乘除运算的层次，所以一个数学教育自媒体，只要宣传"竖式计算是最重要的基本功，无论怎么强调都不过分""得计算者得天下""背一百以内平方表"等非常低端的观点，或者推荐一些刷题宝典，就可以迎合一大堆家长粉丝，而且往往是越低端、越庸俗的观点，就越能迎合更多的家长。所以向网络上的数学教育自媒体咨询数学学习问题是非常不靠谱的事情。

我本人开通数学公众号这几年，就经常有家长就孩子的数学学习问题问我，比如：

"我家的孩子目前小学五年级，数学成绩中等，对数学兴趣也不大，数学课上注意力不集中，有没有什么好的办法？"

"我家孩子初中二年级，数学课上教的内容都能听懂，但碰到有些难度的题经常没思路，请问有什么建议吗？"

其实，每个孩子的学习情况都不一样，仅仅通过三言两语是根本无法了解的。既然无法了解，又怎么能给学习方法上的建议呢？

碰到家长问我这类问题，我都是这样回复：

"建议和任课老师多交流沟通，因为任课老师对孩子的数学学习情况是最了解的。"

如果说教育自媒体这个行业是零门槛的话，那么中小学数学老师的门槛，那可是非常高的，这一点我之前已经讲过了。当然了，中小学数学老师也可能会给出非常不靠谱的建议，但整体而言，中小学数学老师这个群体，比那些教育自媒体靠谱多了。

如果你的孩子在学校数学课堂上有什么内容没听懂，或者有些数学题不会做，没思路，我也是建议让孩子在课间请教老师。既然你没听懂，那老师就有义务尽量为你再讲清楚，这是老师的责任。

有这么好的免费资源为什么不使用呢？不用担心老师会觉得不耐烦。从老师的角度来看，绝大部分老师是非常喜欢课后会跑过来追问的孩子，因为这说明这个孩子很好学，而且这本身也是课堂教学效果的反馈，老师也需要这样的反馈来提升教学水平。

所以，家长完全可以鼓励孩子，在他们遇到不懂的数学问题的时候要大胆请教老师。

第二节　有没有必要找校外数学培训？

经过国家"双减"政策的重拳打击，校外培训行业早已遭受重创。但奇怪的是，当孩子的数学学习出问题的时候，很多家长还是会选择找校外数学培训。家长对校外培训的需求好像反而变得比"双减"政策出台之前更旺盛了，这一点我个人深有体会。每次刚和我交往的家长一听说我是数学老师，几乎都是如获至宝：

"你是数学老师！有没有开班带学生？我一直在找数学辅导老师……"

这一节，我们就专门来谈谈有没有必要找校外数学培训。

首先，有一种情况确实可以考虑找校外数学培训。如果你孩子的数学成绩已经是垫底的，而且这种成绩已经影响到了孩子的学习自信心和自尊心，这种情况下，给孩子找校外数学培训加餐，让孩子在短期内能有明显的成绩提升，挽回孩子的自信心，这不失为一种有效的策略。

除了这种特殊的情况外，我认为一般情况下，根本没必要找校外数学培训。

我不想把所有的校外数学培训一棍子打死，但是，绝大部分数学辅导机构或者辅导老师，之所以能够在这个行业立足，靠的是速成的提分套路，他们要拿出立竿见影的效果让家长信服，只能如此，这是市场规律决定的。不可否认，这些速成的提分套路确实管用，很多时候确实能在短期内达到显著提分的效果，但它们往往会忽视对基本数学知识和基本数学概念的理解，其恶果迟早会在将来的数学学习中暴露出来。

另外，不知道家长们有没有想过，为什么同样的学校，同样的班级，同样的老师，同样的课程，不同学生之间的差距可以如此之大，分化的现象会如此普遍？这里面固然有一些天赋的原因，但仅仅靠天赋是无法完整解释的。

其实，大部分情况下，数学学习分化的关键原因，并不在于老师和课程。

老师讲课，这是一个老师主动传授、学生被动接受的过程，一些好的老师会在上课时穿插一些提问，引导孩子主动思考，但整体而言，绝大多数时候，学生是被动接受的。

我举个类似的例子：看电视。心理学家早就发现，长时间看电视的孩子，人会变得呆呆的，想象力也会下降。因为看电视就是一个被动接受各种画面播放的过程，长时间被动接受画面播放就会导致孩子缺乏主动想象的意愿。

看书则完全不一样，你需要凭借书中的文字在大脑中创建各种场景，在此过程中，你得不断发挥想象力。

我认为，数学学习的分化点，正在于同样面对老师讲课，学得好的学生，往往会像看书一样，抱着主动创建的心态，而学得不好的学生则只是像看电视画面一样被动接受。

因此，如果你发现你的孩子数学成绩变差，对数学提不起兴趣，给孩子在校外报辅导班往往是没什么用的，因为他很可能和在学校课堂上一样，都是看电视式的被动接受。所以解决问题的关键在于如何引导孩子发现数学这门学科有趣的一面，如何激发他们的求知欲与探索欲，如何化被动接受为主动创建。

这就又回到了我在前文中反复强调的——数学兴趣的培养。

孩子的数学课程学习是学校教育的范畴，要放心地交给学校老师，家长可以做的是培养孩子的数学兴趣和课外数学阅读的习惯，这才是家庭教育的范畴。满世界为孩子找课报班，其实就是越俎代庖，逾越了家庭教育和学校教育的界限。

接下来几年，我会出版几本数学课外书，比如《人人都会欣赏的数学证明》《写给大人和孩子的数学历史书》，等等。我认为就数学课外教育而言，读一些优质的课外数学书，远比报班上课，或者在线上视频课靠谱多了。所以一方面我会持续不断地写数学课外书，另一方面，我是永远不会开课开班的，也不建议家长盲目报班。

第二十章

如何整体规划初高中的数学学习？

第一节　如何看待高考数学非常难，而中考数学却非常简单的现象？

2022年的高考数学非常难，考哭了一大批考生，而同年的中考各个科目却普遍非常简单。该如何看待这种现象呢？

在我看来，这种现象是不难理解的，也是"双减"政策的应有之义。其实大家都心知肚明，目前无论多强大的政策，都不可能扭转应试教育的大环境，有大学入学选拔就有高考，有高考就有内卷，这是死结，是不可避免的。

虽说不可避免，但也可以改善，那就是尽量把应试和内卷局限于高中和高考，没必要从小学初中就开始内卷。这也是为什么双减政策重点针对义务教育阶段。

所以，"双减"大政策之下的一系列政策，打压义务教育阶段学科培训、小升初摇号、禁止分班、民办中学转公立，实质上都是为了把学科内卷推到高中。

"双减"这一年多来，取消中考、摇号上高中的苗头已经在少数地方出现了。所以在可预见的未来，弱化中考的指挥棒作用，弱化中考的分流选拔功能肯定是大势所趋。

所以，2022年中考变简单，完全是意料之中的事情，而且我预测以后大部分地区的中考都会很简单。

从中小学数学教育的角度来看，这确实是最优解。为了应付小升初考试而学的那些小学奥数，我已经在本书中多次批判了，为了中考竞争去花大量时间搞五花八门的几何模型以及各种复杂的辅助线技巧，这些都是典型的内卷，而且对后续的数学学习没什么帮助。

不少数学成绩优秀的初中生家长看到中考数学变简单后，开始担心中考数学没有区分度，自己孩子的优势不再有了。

其实没必要担心，首先，初中的数学成绩优秀是个伪命题，有许多孩子在初中数学成绩优秀，但是到了高中数学成绩却一塌糊涂。

如果你的孩子真的数学能力很强，未来能轻松应付高中数学学习和高考数学，不用担心没有区分度，在中考普遍简单、高考非常难的新形势下，数学的区分度迟早会在高中显现的。

第二节　新形势下，该如何整体规划初高中数学学习？

在高考数学非常难而中考数学非常简单的这种新形势下，未来的初中数学学习，首要目的就是衔接高中数学，为高中数学打基础，以高考数学为目标，而非为了应付中考数学，所以整体规划初高中的数学学习是非常必要的。

在此，我对初中生的第一个建议就是：紧扣数学课本，牢牢把握基础知识点，牢牢把握初中数学知识概念体系，因为这些才是高中数学直接的坚实基础。

对于数学学习而言，适量的习题训练是非常必要的。但是，不建议初中生过量刷题，建议初中生不要花大量时间钻研课本之外的非常专门复杂的解题技巧，尤其是那些五花八门的几何解题模型和难度较高的辅助线技巧。从2022年的绝大部分中考数学卷中，大家也可以看出中考数学普遍弱化对辅助线证明的要求，许多几何证明不需要辅助线，就算需要辅助线，也有非常明晰的线索可循，考生在考前熟练掌握记忆的各种几何模型很可能根本用不上！

对于那些学有余力的学生，建议在充分掌握初中数学知识概念体系的基础上，直接提前学高中内容。提前学高中数学，一定要注意初中数学和高中数学之间的关联、衔接和对比，其中最典型的例子就是，高中数学中的正弦定理和余弦定理就可以直接推导出大量的平面几何基本定理（包括3个三角形全等判定定理，3个三角形相似判定定理，勾股定理，等角对等边和等边对等角定理，等等）。

中考数学中有两种大题，其中一种就是抛物线（往往与直线相交）解析几何大题，另一种就是平面几何大题，这两种大题都可以通过提前学高中数学来实现降维打击。

比如直线的倾斜角和斜率之间的关系，这是高中的知识，但在中考解析几何大题和平面几何大题（坐标法）中往往有非常强大的功效。

中考的平面几何大题一直是许多初中生的噩梦，但是在熟练掌握高中的三角方法（正弦定理、余弦定理、倍角公式）及坐标法之后，对许多几何难题思路变得非常清晰，甚至按部就班解题就好了，不需要"奇思妙想"各种辅助线技巧几何模型。前面我们已经介绍了三角方法和坐标法解平面几何题的几个典型例子，下面我们再介绍几道典型例题，希望能加深读者对三角方法和坐标法解平面几何题的印象。

第一道题是 2021 年广东中考的几何大题：

如图所示，边长为 1 的正方形 $ABCD$ 中，点 E 为 AD 的中点，连接 BE，将 $\triangle ABE$ 沿 BE 折叠得到 $\triangle FBE$，BF 交 AC 于 G，求 CG 的长。

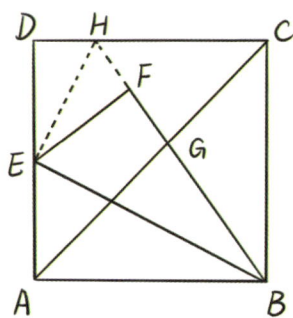

这道题用辅助线的方法很麻烦，最典型的做法就是延长 BF 交 DC 于 H 点，然后连结 EH，接下来就是非常复杂的证明。

其实这道题最适合三角方法，解题过程非常简洁优美，充分体现了三角方法的强大威力。实际上，这道题就是三角方法的试金石。

设 $\angle ABE = \alpha$，对 $\triangle AGB$ 和 $\triangle BCG$ 运用正弦定理得到：

$$\frac{AG}{\sin 2\alpha} = \frac{GB}{\sin 45°} , \frac{GC}{\cos 2\alpha} = \frac{GB}{\sin 45°}$$

联立这两个等式得到：

$$\frac{AG}{GC} = \tan 2\alpha$$

而 $\tan \alpha = \dfrac{1}{2}$，直接利用倍角公式就可以算出 $\tan 2\alpha$ 和 GC。

从这道题的三角解法中可以总结出，当出现角平分线或倍角，且涉及多种线段比例时，正弦定理和倍角公式结合的三角方法是非常强大的！

接下来我们来看2021年福建省数学中考的几何大题：

24.如图，在正方形$ABCD$中，E，F为边AB上的两个三等分点，点A关于DE的对称点为A'，AA'的延长线交BC于点G。

（1）求证：$DE//A'F$；

（2）求$\angle GA'B$的大小；

（3）求证：$A'C = 2A'B$

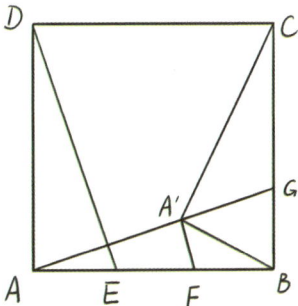

这道题第一小题非常简单，没什么好说的，我们用坐标法统一做第二题和第三题。

即使提示了用坐标法，也会有不少读者想当然地用正方形的边建系，但这种方法的计算量非常大，因为这里涉及直线DE的对称点坐标和求角度。

所以，合理的做法是分别以AG和DE为x轴和y轴，设原点为O。所求三个结论在等比例放缩之下保持不变，所以可以假设$AE = 1$，利用勾股定理、三角形面积公式、线段中点坐标公式可以求出下面点的坐标为A:
$\left(-\dfrac{3}{\sqrt{10}}, 0\right)$，$A'$:$\left(\dfrac{3}{\sqrt{10}}, 0\right)$，$D$:$\left(0, \dfrac{9}{\sqrt{10}}\right)$，$E$:$\left(0, \dfrac{1}{\sqrt{10}}\right)$，$B$:$\left(\dfrac{6}{\sqrt{10}}, \dfrac{3}{\sqrt{10}}\right)$，

因为四边形$ABCD$是平行四边形，所以点C的坐标是$\left(0, \dfrac{9}{\sqrt{10}}\right) +$

$$\left(\frac{6}{\sqrt{10}}, -\frac{3}{\sqrt{10}}\right) - \left(-\frac{3}{\sqrt{10}}, 0\right) = \left(\frac{9}{\sqrt{10}}, \frac{6}{\sqrt{10}}\right)。$$

由此可得直线 $A'B$ 斜率为-1，所以 $\angle GA'B = 45°$。再利用两点距离公式，最后一个结论也出来了。

希望读者能用心体会坐标法的精髓。理论上坐标方法都能做，但计算量可能非常大而没什么意义，所以在选择坐标系之前，要先预判坐标方法的计算量。

最后我们要讲解的是2022年广西北部湾经济区（包括南宁、北海、钦州、防城港、玉林、崇左）的中考数学几何大题：

26.已知$\angle MON = \alpha$，点A，B分别在射线OM，ON上运动，$AB = 6$。

(1) 如图①，若$\alpha = 90°$，取AB中点D，点A，B运动时，点D也随之运动，点A，B，D的对应点分别为A'，B'，D'，连接OD，OD'。判断OD与OD'有什么数量关系？证明你的结论；

(2) 如图②，若$\alpha = 60°$，以AB为斜边在其右侧作等腰直角三角形ABC，求点O与点C的最大距离；

(3) 如图③，若$\alpha = 45°$，当点A，B运动到什么位置时，$\triangle AOB$的面积最大？请说明理由，并求出$\triangle AOB$面积的最大值。

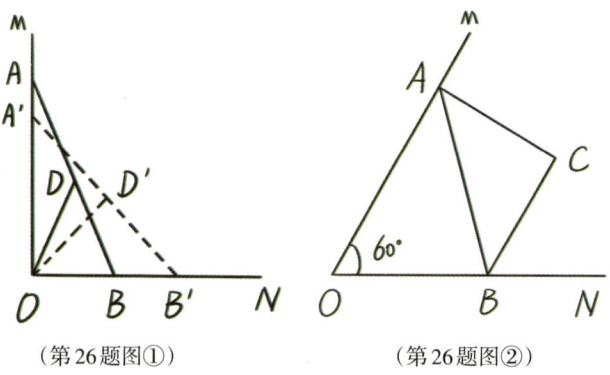

（第26题图①）　　　　　（第26题图②）

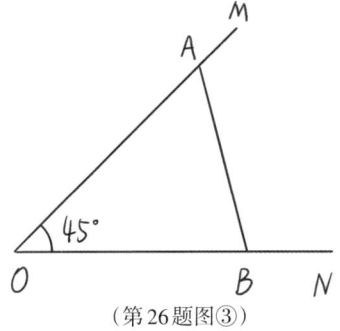

（第26题图③）

（1）第一小题非常简单，请允许我直接跳过。

（2）设 D 为 AB 中点，直观上很容易想到 $OA = OB$ 时 OC 最长，这时 O，D，C 共线（如下图②所示）。

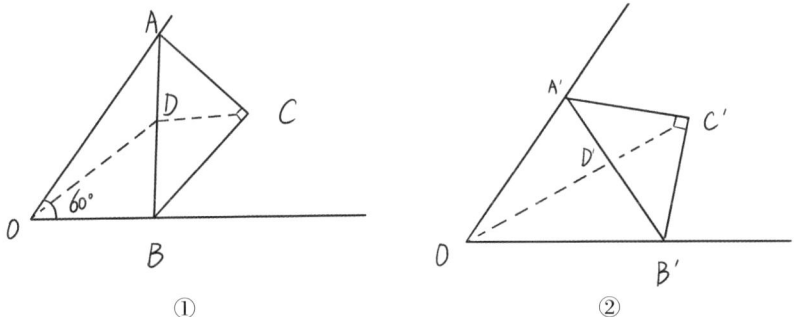

①　　　　　　　　　　　　　②

因为 $OC \le OD + DC$，所以只需证明 $OD \le OD'$。

所以第二个问题归结为证明：

在 $\triangle OAB$ 中，AB 的长度固定等于6，D 为 AB 中点，$\angle AOB = 60°$，则 OD 在 $OA = OB$ 的时候达到最大值。

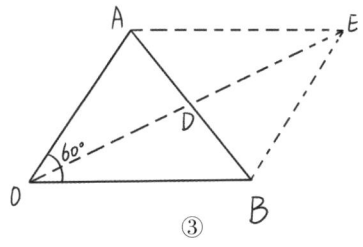

③

221

将三角形扩充为平行四边形，设 $OA = a$，$OB = b$，对 $\triangle AOB$ 运用余弦定理得到：

$$a^2 + b^2 - ab = AB^2 = 36$$

对 $\triangle OAE$ 运用余弦定理，再运用均值不等式得到：

$$OE^2 = a^2 + b^2 + ab = 36 + 2ab \leqslant 36 + 2(a^2 + b^2 - ab) = 108$$

当且仅当 $a = b$ 时不等式中的等号成立。所以当 $a = b$ 时 OE 达到最大值 $6\sqrt{3}$，或者 OD 达到最大值 $3\sqrt{3}$，所以 OC 最大值是 $3 + 3\sqrt{3}$。

（3）方法和第二小题一样，设 $OA = a$，$OB = b$，$\triangle AOB$ 面积等于 $ab\sqrt{2}/4$，对 $\triangle AOB$ 运用余弦定理得到：

$$a^2 + b^2 - \sqrt{2}\,ab = 36$$

运用均值不等式得到：

$$a^2 + b^2 - \sqrt{2}\,ab \geqslant \left(2 - \sqrt{2}\right)ab$$

当且仅当 $a = b$ 时不等式中的等号成立。所以，当 $a = b$ 时 $\triangle AOB$ 的面积达到最大值 $9 + 9\sqrt{2}$。

第二十一章

如何看待中学奥数？

第一节　什么是奥数？

奥数本来是奥林匹克数学竞赛的简称，但大部分时候奥数也用来指称其他国际国内的中学数学竞赛。这一类竞赛，内容虽然以初等数学为主，但技巧性较高，有些题在我看来是非常刁钻的。奥数竞赛要求参赛者在有限时间内完成这些技巧性较高的题目，这就只能是一种竞技比赛了。

还有一个关键问题：一个快速解答出竞赛题的学生是不是一定比花五倍、十倍时间才能解答出来的学生更有数学天赋和才华？

其实，解题快慢和数学天赋没多大关系。解题快很有可能说明你比较敏捷、机灵，或者熟悉解题技巧，但是你对这道题目所蕴含的数学思维和数学内涵（如果有的话）的理解很有可能还不如解题慢的学生，因为真正的数学需要的是冷静、缜密、成熟的思考。

所以，我认为数学可以是文化，是艺术，是智慧，是思维，但唯独不是竞技比赛。奥数则恰恰相反，本质上就是一场赤裸裸的解题竞技比赛。

这也能解释为什么中国有无数的奥数金牌得主，却鲜有杰出数学家，整个中国本土迄今没培养出一个菲尔兹奖（数学界的诺贝尔奖）得主，因为奥数和真正的数学完全是两个不同的世界，两者之间隔着十万八千里。

每次当奥数成为各路媒体的焦点时，就有许多人把奥数和整个国家的数学教育挂钩，甚至宣扬奥数是国家培养高级数学人才的关键，这些言论都是典型的误国误民。其实奥数竞赛根本没有培养数学人才的功能，只有展示数学天赋和才华的功能，而且这种功能也是十分有限的。奥数竞赛更不能成为选拔顶尖数学人才的手段。真正的数学人才，不论你有没有参加过竞赛，获得金牌还是银牌，或是没名次，最终都要通过大学四年漫长的数学专业学习，开始读研读博，接受导师遴选，能否做出优秀成果，这一切才是真正在选拔数学人才，才是数学职业生涯的开端，而后面还有很长很长的路要走。相比之下，奥数简直就是过家家。

第二节　中学奥数成为一门显学，同时也是低效的内卷

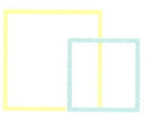

由于在很长一段时间内，奥数成绩都是中学数学优等生保送名校的依据，再加上奥数金牌的荣誉宣传，数学竞赛在中学已经成为一门"显学"。有许许多多的中学生开始花大量时间专攻数学竞赛，甚至标榜自己是竞赛生，这就是典型的内卷。

为什么说这是内卷呢？

因为正规的数学教育体系就是小学数学、初中数学、高中数学、大学高等数学一脉相承，而这里面根本没有数学竞赛的位置！数学竞

赛本来是针对青少年的一项活动，参加一两次就好了。

数学竞赛的内容虽然也包括极少部分高等数学，但绝大部分内容都是属于初等数学的范畴，而且是偏离初等数学的主干的，小学和中学数学课本的内容才是初等数学的主干。

数学竞赛的内容不但偏离了初等数学的主干，而且其中有许多题目非常复杂，技巧性要求非常高。我举个例子，下面是某年国际数学奥林匹克竞赛（IMO）的平面几何题的辅助线图（平面几何题是IMO每次必考的题型）：

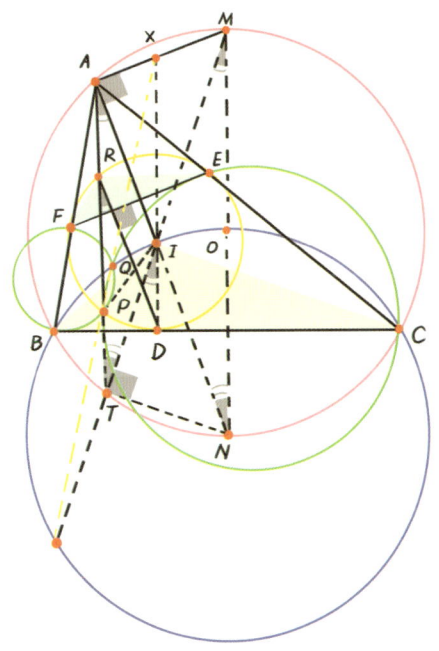

这种平面几何的题目，确实非常有深度，单单辅助线就有六七条。但这种深度仅仅是解题技巧的深度，不是思维层面的深度，说句不好听的话，这就是奇技淫巧。等你上大学接触高等数学以后就会明白，你这辈子都不会再用到这些奇技淫巧。

平面几何这种东西要一直钻研下去，也是个无底洞，但不会带来多少思维上的启发。竞赛生要想在竞赛规定时间内解出这类题目，背后需要花费大量时间精力集训平面几何的内容，这纯属浪费精力。这类奇技淫巧式的题目在数学竞赛和奥数培训中比比皆是，从数学教育的角度来看，这些题目已经太偏了，一个正常的数学教育环境中,根本不会有人鼓励学生花大量的精力去培训这类题目。这也可以解释为什么每年参加IMO的几百个选手中，就有一百多个选手得零分，或者一两分！这些选手可都是一个国家中选出的不到6个的中学生精英啊！

所以花大量时间学数学竞赛的内容是非常低效的。学有余力的中学生，与其浪费时间搞竞赛，不如课余多读一些优质的数学课外书，尤其是一些数学名著来拓宽视野。

真正有天赋的中学生，如果提前学完了初高中数学，完全可以在此基础上直接自学高等数学。高等数学的世界有多么博大精深、波澜壮阔，疆土有多么广袤无垠，这绝非长期浸淫于奥数解题这种雕虫小技的人所能体会。有数学天赋的中学生完全可以提前打开整个高等数学的大门，提早闯入真正的数学世界，让自己的整个数学认知层次得以提升。

一个有数学天赋的中学生，如果已经完全掌握了高中数学的内容，却还一直困在数学竞赛这个初等数学的"泥潭"中打滚，那真是辜负了自己的数学天赋。

第三节　名校选拔机制的大势所趋

看到这里，可能会有不少人认为，中学生花大量时间专攻数学竞赛虽然是内卷，很低效，但是在数学竞赛中获得优秀成绩就可以保送名牌大学，所以对于有数学天赋的中学生来说，数学竞赛仍不失为一种高效的升学途径。如果是在四五年以前，这种说法确实有一定道理，但是现在不是了。

单单靠初等数学的奥数竞赛成绩来选拔有数学天赋的中学生，这种落后的数学特招升名校的选拔机制，在中国数学教育界已经持续了几十年，早该退出历史舞台了。

2020年底，清华大学丘成桐数学中心重磅推出2021年数学科学新领军人才培养计划。这个举措可以说是率先打破奥数选拔机制的坚冰，因为新领军人才培养计划初试的大部分内容都是高等数学课程内容，就是不考奥数，后面一试、二试更不会考奥数。

对于其他名牌大学而言，新领军人才培养计划也是一个挑战。如果清华的该计划招收的都是那些能够自学高等数学课程的真正有数学天赋的中学生，而他们还是因循守旧靠奥数选拔"做题家"的话，那就高下立判了！

其实2020年"强基计划"发布之后，奥数选拔机制就已经日渐式微了，现在数学竞赛生需要进入奥数国家集训队才能得到清华北大的保送资格。所以未来的趋势是很明显的，考核中学生自学高等数学能力的新机制，将逐渐取代奥数选拔机制。

所以我建议真正有数学天赋的中学生，在学完高中数学的基础上，应该自学高等数学，参加类似清华大学"新领军计划"这种以高等数学为考核内容的数学人才选拔活动，而不是在数学竞赛上浪费时间。

那么中学生该如何自学高等数学呢？

这正是下一章的主题。

第二十二章

高等数学自学指南

第一节 初等数学和高等数学的比较

许多没接触过高等数学的人会误以为，高等数学一定比初等数学难多了。其实就各种数学解题技巧而言，初等数学尤其是奥数的内容比高等数学要繁杂、困难多了。相比之下，高等数学反而显得更加简洁、清晰。高等数学的高等只是表现在数学思维和思想层面上。另外高等数学处理的对象和初等数学其实相差无几，只是处理这些对象的角度和观点截然不同。最后，和初等数学相比，高等数学更抽象，也更能体现数学的美感。真正有数学天赋的人第一次接触高等数学，都应该有一种被震撼的感觉。

还有不少人以为学高等数学需要坚实的初等数学基础，甚至有人认为学高等数学之前最好要学一些奥数内容。其实学高等数学并不需要你有太多初等数学的预备知识，比如高中的许多数学知识对自学高等数学而言都不是必要的。学高等数学真正考验的是你的数学天赋，而非初等数学的知识储备。想知道一个中学生有没有数学天赋，最好的办法就是，看他能不能自学高等数学。

其实在初等数学中就存在许多线索，顺着这些线索就可以引申出高等数学的许多抽象概念。所以中学生自学高等数学的时候，一定要留意初等数学和高等数学的这些关联和衔接。接下来我们将以数学专业的几门基础课程为例，简要讲解初等数学和高等数学的关联和衔接。

第二节　数学分析课程

第一个例子是实数的概念。在初一的数学教材中，实数是有限小数和无限小数（包括无限循环小数和无限不循环小数）的统称。教材还直接告诉读者，实数有加减乘除运算，而且有理数的所有运算法则对实数也成立。

但是，这里没有讲清楚的问题很多。首先是如何定义实数的加减乘除运算。两个无限小数相加会等于多少，相乘又会等于多少，用竖式计算吗？但是拿两个无限小数用竖式计算做加减法，可能会碰到无限次进位退位。至于无限小数做乘法竖式计算，那更是无法做了。

就算我们给出了实数的加减乘除运算的严格定义，该如何说明有理数的所有运算法则对实数的加减乘除运算也成立呢？尤其是该如何说明五大运算定律也成立呢？

上面所有这些问题都不会影响中学数学的学习，你只需要接受"实数有加减乘除运算，满足各种常见运算法则"这个事实就可以了。所以很多中学生会忽视这些问题，或者压根就不会想到这些问题。

但是，对这些问题的回答，却是大学数学专业最基础、最核心的数学分析课程开头几节课的内容。这门课程讲的就是微积分内容，但是是严格化的微积分。这门课程首先要做的事情就是实数构造理论，这套理论具体要做的事情就是严格定义实数，然后严格定义实数的加减乘除运算，严格证明实数的加减乘除运算满足五大运算定律，以及证明实数的一些基本性质，比如上确界定理、有限覆盖定理、柯西收敛准则、列紧性定理，等等。

实数构造理论有两种典型的构建方法，一种是用柯西序列，另一种是用戴德金分割。不论用哪种构建方法，实数构造理论对于绝大部分大一数学专业的新生而言都是非常抽象、非常难懂的，所以有不少高校的数学分析课程会对实数构造理论做大量删减。这种删减是非常可惜的，因为实数构造理论是后续许多数学专业课程的基础。

如果一个中学生之前曾经认真思考过实数严格定义的问题，或者一直被这个问题困扰，那么这种思考的经历就是后期学习实数构造理论的强大动力，初次接触的时候，他就不会觉得实数构造理论很抽象，反而会有似曾相识的感觉。

这也说明比起中学数学和奥数，高等数学的学习更能检验一个人的数学天赋，而真正的数学天赋首先体现在对数学概念的理解把握程度上，而非解题能力。

数学分析的另一个门槛，就是用 $\varepsilon - \delta$ 语言描述的极限概念。这种用 $\varepsilon - \delta$ 语言描述的极限概念是整个数学分析或者微积分课程中最核心的概念，浓缩了数百年变量数学发展的精华，充分体现了数学分析和微积分作为变量数学的特色。如何领悟这套 $\varepsilon - \delta$ 语言，将是初学数学分析时面临的一个巨大考验。

其实在初等数学中就有许多数学概念、数学知识都会暗含极限思想，比如无限小数，穷竭法求面积、体积，指数函数的定义等。高中数学教材中讲函数求导时，也直接涉及极限概念的直观描述。对这些数学概念和知识的理解把握也有助于后期学这套 $\varepsilon - \delta$ 语言。

在掌握这套 $\varepsilon - \delta$ 语言之后，数学分析或者微积分课程包含两个板块：微分学和积分学。中学数学课本中学过的直线斜率和函数求导都属于微分学的基础和主要内容；穷竭法则是积分学的先驱，也是初等数学中非常重要、非常核心的知识板块。中学数学课本中没有系统讲解穷竭法，所以我在《中小学数学要义》中补充讲解了穷竭法。

第三节　高等代数课程

高等代数是数学专业中重要性和基础性仅次于数学分析的课程。高等代数分成两个部分：多项式代数和线性代数。

高等代数中的多项式代数是中学多项式内容的拓展和深化，在这里多项式和整数的类比是非常有启发性的：

每个整数都有相反数，每个多项式也都有相反多项式，多项式和整数一样，可以做加法和乘法运算，也都满足五大运算定律。每个大于1的正整数都可以不断分解直到最后分解成素数的乘积，每个次数大于0的多项式也可以不断分解直到最后分解成不可约多项式的乘积，比如：

$$x^4 - 1 = (x^2 + 1)(x^2 - 1) = (x^2 + 1)(x + 1)(x - 1)$$

正整数有最大公因数、最小公倍数的概念，多项式也有类似的概念。所以，在高等代数的多项式代数学习中，一定要留意多项式不仅仅是关于未知量 x 的表达式，它们本身也有算术本质，可以看成是广义的"数"。

接下来，我们讲线性代数和中学数学的关联。初中数学教材有二元一次方程组、三元一次方程组的内容，三元以上的方程组就不讲了。线性代数也是从二元一次方程组、三元一次方程组讲起，但会拓展到 n 元一次方程组，这里 n 可以是任意的正整数。初中所学的方程组侧重求解，而线性代数更侧重讲方程组有解无解的判定性和方程组的解集（就是所有解构成的集合）的一般性质。

解过二元一次方程组

$$\begin{cases} ax + by = e \\ cx + dy = f \end{cases}$$

的读者都知道，用消元法如果能消去一个变量，留下另一个变量，那么方程就有唯一解。这种情况当且仅当 x 与 y 的系数比值不相等时会发生，即 $a{:}b \neq c{:}d$ 或者 $ad - bc \neq 0$。$ad - bc$ 这个量很重要，我们为这个量引入一个记号：

$$\begin{vmatrix} a & b \\ c & d \end{vmatrix} = ad - bc$$

在线性代数中，这个量称为 2 阶行列式。对于任意的 n 元一次方程组（共有 n 个方程），都可以类似地定义一个 n 阶系数行列式，行列式是线性代数中最核心的一个概念；n 元一次方程组当且仅当 n 阶系数行列式不等于 0 时有唯一解，这是线性代数最基本的一个结论。

线性代数中还有一个非常基本的概念：线性空间。我们先以中学学过的平面向量和空间向量为例来说明什么是线性空间。这里涉及向量的两个运算——数乘运算和加法运算，这两个运算会满足下面这些基本性质，其中 λ, μ 为任意实数，$\vec{a}, \vec{b}, \vec{c}$ 为任意向量，$\vec{0}$ 是零向量：

(1)$1\vec{a} = \vec{a}$

(2)$\lambda(\mu\vec{a}) = (\lambda\mu)\vec{a}$　数乘结合律

(3)$(\lambda + \mu)\vec{a} = \lambda\vec{a} + \mu\vec{a}$　数乘第一分配律

(4)$\lambda(\vec{a} + \vec{b}) = \lambda\vec{a} + \lambda\vec{b}$　数乘第二分配律

(5)$\vec{a} + \vec{0} = \vec{a}$

(6)对于每个向量$\vec{a}$，都存在反向量，使得$\vec{a} + (-\vec{a}) = \vec{0}$

(7)$\vec{a} + \vec{b} = \vec{b} + \vec{a}$　加法交换律

(8)$(\vec{a} + \vec{b}) + \vec{c} = \vec{a} + (\vec{b} + \vec{c})$　加法结合律

数学中除了向量有加法运算、数乘运算，满足这八条基本性质外，还有大量的数学对象也是如此，我们把这样的数学对象和结构统称为线性空间。

考虑方程组：

$$\begin{cases} 2x - y - z = 0 \\ x - y + z = 0 \end{cases}$$

它的特征是每个方程等号右边都是0。若(x_1, y_1, z_1)和(x_2, y_2, z_2)都是方程组的解，λ是任意实数，那么$(\lambda x_1, \lambda y_1, \lambda z_1)$，$(x_1 + x_2, y_1 + y_2, z_1 + z_2)$也都是这个方程组的解。因此在这个方程组的解集中也有加法运算、数乘运算，读者可以简单验证这两个运算也满足上面的八条基本性质，这个方程组的所有解也构成一个线性空间。

类似地，方程$3x + y + z = 0$的所有解，方程$2x - y = 0$的所有解，所有的多项式，所有次数小于一个固定正整数n的多项式，所有以2π为周期的函数，与一个固定向量平行的所有向量，所有的数列，所有的等差数列，都有加法运算、数乘运算，也都满足这八条基本性质，也都构成一个线性空间。

所以看似毫无关联的各种数学对象背后会有共同的数学结构，这是数学学习过程中非常值得留意的现象。下节我们还会继续探讨这类现象。

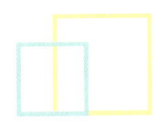

第四节　　抽象代数课程

在本书第八章第一节中，我们将分数（正有理数）的乘除运算和有理数的加减运算做了一整套的类比，为什么会有这种平行类比的现象呢？

我们先提炼有理数的加法运算的四条基本性质，其中 a，b，c 为任意有理数：

（1）$a + 0 = a$

（2）对于每个有理数 a，都存在相反数 $-a$，使得 $a + (-a) = 0$

（3）$a + b = b + a$　　加法交换律

（4）$(a + b) + c = a + (b + c)$　　加法结合律

带有一种单位元素 0、一种二元运算 $+$ 且满足上面四个性质的结构称为阿贝尔群，所以所有有理数和加法构成了一个阿贝尔群，称为有理数加法群。

对于所有的非零有理数和乘法运算，我们也可以提炼出四条基本性质，其中 a，b，c 为任意非零有理数：

（1）$a \cdot 1 = a$

（2）对于每个非零有理数 a，都存在倒数 a^{-1}，使得 $a \cdot a^{-1} = 1$

（3）$a \cdot b = b \cdot a$　乘法交换律

（4）$(a \cdot b) \cdot c = a \cdot (b \cdot c)$　乘法结合律

所以，所有非零有理数和乘法也构成了一个阿贝尔群（在这个群中，1 是单位元素），称为有理数乘法群。因为相反数的存在性，在有理数加法群中可以派生减法运算，减去一个数就是定义为加上这个数的相反数。又因为倒数的存在性，在有理数乘法群中可以派生除法运算，除以一个非零有理数就定义为乘以这个数的倒数。实际上，在任何一个阿贝尔群中都可以派生一个逆运算。

现在我可以回答为什么分数（正有理数）的乘除运算和有理数的加减运算可以非常平行地类比，因为有理数的加法运算和非零有理数的乘法运算都有阿贝尔群的结构。

如果说中小学数学侧重于具体的数及其计算、代数及其运算的话，那么高等数学中的抽象代数课程则侧重于各种抽象的代数结构，比如上面提及的阿贝尔群。

在这一章第三节中，我们提及了整数和多项式的类比。注意整数及其加法运算和乘法运算会满足下面七条基本性质，其中 a，b，c 为任意整数：

（1）$a + 0 = a$

（2）对于每个有理数 a，都存在相反数 $-a$，使得 $a + (-a) = 0$

（3）$a + b = b + a$　加法交换律

（4）$(a + b) + c = a + (b + c)$　加法结合律

（5）$a \cdot 1 = a$

（6）$a \cdot b = b \cdot a$　乘法交换律

（7）$(a\cdot b)\cdot c = a\cdot(b\cdot c)$　乘法结合律

我们将这种带有0元素、1元素，带有加法、乘法运算，且满足上面七条性质的数学结构称为交换环。所以所有的整数，及其加法、乘法运算就构成一个交换环，称为整数环。注意所有的有理系数（或者实系数）多项式，及其加法、乘法运算也满足上面这七条性质，所以也构成一个交换环，称为有理系数（或者实系数）多项式环。为什么整数和多项式能做良好的类比呢？最重要的一个原因是它们都有交换环的结构。

在初等数学中可以找到更多交换环的例子，比如所有形如 $m + n\sqrt{2}$ 的实数（m，n 都是整数）也构成一个交换环，另外，所有形如 $m + ni$ 的复数（m，n 都是整数），同样会构成一个交换环。

整数环和多项式环关于加法运算都构成一个阿贝尔群，实际上每个交换环的0元素和加法都构成一个阿贝尔群。但是非零的整数或者非零的多项式关于乘法运算并不构成一个阿贝尔群，因为"倒数"往往不存在，所以在整数环和多项式环上无法定义除法。

为了定义除法，在整数的基础上引入分数，将整数扩充为有理数，这时，所有的有理数及其加法运算、乘法运算会满足下面八条基本性质，其中 a, b, c 为任意有理数：

（1）$a + 0 = a$

（2）对于每个有理数 a，都存在相反数 $-a$，使得 $a + (-a) = 0$

（3）$a + b = b + a$　加法交换律

（4）$(a + b) + c = a + (b + c)$　加法结合律

（5）$a\cdot 1 = a$

（6）对于每个非零有理数 a，都存在倒数 a^{-1}，使得 $a\cdot a^{-1} = 1$

（7）$a\cdot b = b\cdot a$　乘法交换律

（8）$(a \cdot b) \cdot c = a \cdot (b \cdot c)$ 乘法结合律

我们将这种带有0元素、1元素，带有加法、乘法运算，且满足上面八条性质的数学结构称为域。所以所有的有理数及其加法、乘法运算就构成一个域，称为有理数域。类似地，我们可以将有理系数（或者实系数）多项式扩充为分式，还可以在所有分式上定义加法、乘法运算，这时上面这八条性质，仍然满足，所以所有的分式，及其加法、乘法运算也构成一个域。因为第（6）条性质倒数的存在性，所以在每个域上都可以定义除法，除以一个数就定义为乘以这个数的倒数。所以通俗地讲，域就是有加减乘除运算，满足五大运算定律的数学结构。

域的例子也非常多，比如所有的实数和所有的复数及其加减乘除运算也都构成一个域，分别称为实数域和复数域。最后提醒读者留意，所有形如 $a + b\sqrt{2}$ 的实数（a，b 都是有理数），和所有形如 $a + bi$ 的复数（a，b 都是有理数），也都构成一个域。

抽象代数这门课程的主要内容就是群、环、域等抽象的代数结构及其基本性质。虽然抽象代数的内容非常抽象，但许多典型的例子都是中小学生非常熟悉的数学对象。

第五节 面积、体积概念和实分析课程

中小学数学教材讲了许多关于面积和体积的公式，但是对于面积和体积这两个概念本身，却讲得极少。所以中小学数学中遗留了许多

关于面积和体积的问题。小学数学教材讲过长方形的面积等于长乘宽，可是，

为什么长方形的面积等于长乘宽？

小学数学教材是用平行四边形面积公式推导出三角形的面积 $= \dfrac{1}{2} \times$ 边 $\times$ 高。但是，三角形有三条边，对应着三条高，所以有三种计算面积的方式，那么请问，

三种计算三角形面积的方式得到的结果总是一样的吗？

大部分中学生应该都知道，为了求多边形面积，可以将多边形剖分为几个三角形，利用三角形面积公式求出这几个三角形面积，然后相加就得到多边形的面积。

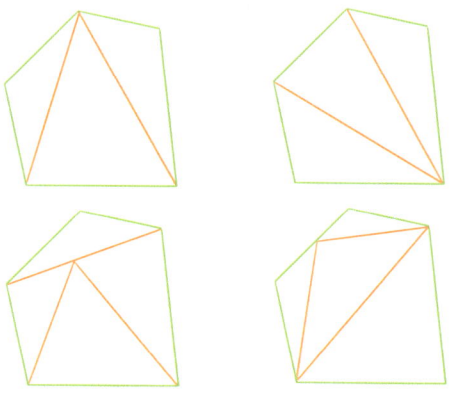

但是，同一个多边形，可以有许多种方式剖分成若干个三角形。所以问题又来了：

一个多边形用不同方式剖分成若干个三角形，所求出的三角形的面积之和总会相等吗？

以上提到的图形都是规则图形，那么，

一个不规则平面图形有精确的面积吗，如何计算它的面积？

关于体积，我们也可以提许多类似的问题。

在数学分析或者微积分课程中会学求定积分，这是一种求几何图形的长度、面积、体积的通用计算方法，但定积分理论是无法回答上面这些问题的。真正能回答这些问题的是数学分析的一门后续课程——实分析。这门课程的核心内容是数学分析中定积分的推广——勒贝格积分。勒贝格积分所使用的是勒贝格测度，而勒贝格测度正是长度、面积、体积的统一推广，也是实分析课程中最核心的概念。这个概念的引入完整地回答了上面所有问题。

第六节　高等数学的教材推荐

在这一节，我将推荐高等数学最核心的几门课程的标准教材和参考书，并简单介绍这些教材和参考书的使用。

针对《数学分析》课程，我首先推荐小平邦彦（Kunihiko Kodaira）的《微积分入门》。这套教材虽然比较精炼，但还是秉持着微积分学的严格性，风格非常亲切，课后习题也非常不错。

另一本标准教材就是鲁丁（Rudin）的《数学分析原理》，这本我也强烈推荐，它尤其适合那些有志于走数学职业化道路的学生。这本书的语言风格是最接近现代数学的，所以比较抽象。前面我们提到了实数的一些基本性质，比如上确界定理、有限覆盖定理、柯西收敛准则、列紧性定理等，这些性质也是点集拓扑学基本概念的最主要发源之一，而鲁丁这本书的处理方式是直接把这些基本性质融入点集拓扑的语言中。

数学分析课程还有一个非常接近现代数学的核心知识点，那就是微分形式，以及用微分形式来阐述斯托克斯（Stokes）定理，这个知识点太核心了，是后面诸多分支，比如代数（同调代数、张量代数），几何（微分几何、流形上的积分），拓扑（微分拓扑、代数拓扑）的共同基石。但绝大部分经典数学分析教材是不讲微分形式的。鲁丁这本书最难能可贵的是，虽然在其他地方讲解得非常精练，却花了大量笔墨将微分形式讲解得非常透彻。

最后，著名华裔数学家陶哲轩写的数学分析教材《陶哲轩实分析》也非常值得推荐。从逻辑严谨性的角度来看，陶哲轩的这套教材是最完美的，因为作者从自然数公理体系出发，定义整数，再定义有理数，最后再定义实数，每一步都有坚实的逻辑基础。这本书的另一个特色是用柯西序列的方法，而不是用戴德金分割构造实数。虽然书名叫实分析，但其实就是数学分析的教材。整本书在语言上也非常接近现代数学，习惯抽象语言的同学也可以考虑使用这本书。

比起数学分析和微积分，高等代数和线性代数相对要简单一些。自学高等代数，我首先推荐北京大学数学系几何与代数教研室前代数小组编写的《高等代数》，这本书非常精练，习题安排也十分不错，比较适合中学生自学。但这本书有个明显的弱点，那就是几乎没有讲线性代数的应用，这可是学习线性代数的一个关键点。其实现实中有大量的问题可以简单提炼为线性问题，用线性代数的方法去解决。很多人学过线性代数却不懂得特征值，特征向量，矩阵对角化，化成标准型有什么用，这其实是很可惜的，因为这些概念在现实中有许许多多的应用。

我举一个最简单的例子。许多现实问题都可以归结成线性递归序列，归结为如何求这种递归序列的通项公式，中学阶段只学过将递归序列凑成等比数列的方法，但是，运用矩阵对角化和化成标准型的方法，我们可以求出任意线性递归序列的通项公式，而这仅仅是线性代数最初步、最简单的应用！

针对线性代数的实用性，我推荐戴维·莱（David C.Lay）和史蒂文·莱（Steven R.Lay）的《线性代数及其应用》，以及利昂（Leon）的《线性代数》，这两本书中有大量的线性代数应用实例。中学生自学高等代数可以以北大版《高等代数》为教材，并参考上面这两本书中的应用实例。

另外，丘维声的《高等代数》也值得推荐。这套教材内容非常详尽，也会讲一些线性代数的应用，习题量也非常充足。不过这套书篇幅非常大，中学生如果使用这套书自学，建议对自学的内容做一些取舍，至于如何取舍，可以参考北大版《高等代数》。

抽象代数的标准教材也非常多，我首先推荐罗特曼（Rotman）的《抽象代数基础教程》。我们前面讲过抽象代数有大量例子来源于中小学数学，不过也有大量例子来源于基础数论，比如同余理论中的剩余类环、剩余类域等。这本书的一大特色是一开始就给出了基础数论的预备知识，为后期讲剩余类环和剩余类域的例子做了充分准备。中学生自学这本书，建议以前五章的内容为主。另外雅各布森（Nathan Ja - cobson）的《基础代数》也非常值得推荐，中学生自学这套书，可以先以第一卷前四章的内容为主。抽象代数这门课程因为非常抽象，所以了解各种例子就显得非常重要，这两套教材的一大特色就是为各种抽象的代数结构提供了大量具体的例子。

点集拓扑学也是数学专业最基础的课程之一，这门课程可以看作数学分析中实数理论和连续函数理论的抽象化。中学生如果想学一些点集拓扑学，我推荐阿姆斯特朗（M.A.Armstrong）的《基础拓扑学》。

数学分析之后，还有一门非常基础的分析课程——复分析。通俗地说，复分析就是微积分的复数版本。复分析有两本非常优美的教材，分别是阿尔福斯（Ahlfors）的《复分析》和斯坦（Stein）的《复分析》，这两位作者都是蜚声国际的数学大师。针对另一门非常基础的分析课程——实分析，我推荐的教材是斯坦的《实分析》。

初等数论这门课程，中学生应该不会感到陌生，因为在小学的时候，他们都接触过一些最简单的数论概念，比如倍数、因数、素数、最大公因数、最小公倍数等。本书介绍过的素数无限性的证明就属于这门课程的内容。初等数论的一大特色是课程内容中会提到许多非常著名的数学猜想，比如哥德巴赫猜想、孪生素数猜想、梅森素数猜想、奇完全数猜想等。这些猜想的陈述非常简单，甚至连小学生都能听懂，但是目前人类根本无法证明这些猜想。对这些著名猜想的介绍，以及一代又一代的数学家在征服这些猜想的道路上前赴后继的故事，很容易激发中学生对数学的兴趣和向往。上面推荐的罗特曼的《抽象代数基础教程》中的开头部分，就有讲到初等数论的一部分基础知识。如果想单独学一本初等数论教材，我首先推荐西尔弗曼（Silverman）的《数论概论》，这本书非常适合自学，而且习题也非常丰富。另一本同样值得推荐的数论教材就是罗森（Rosen）的《初等数论及其应用》，这本教材也非常适合自学，习题也非常丰富。此外，书中还介绍了许多关于数论知识的应用，包含许多课外知识，如许多数学家的生平简介等。

最后提醒一下中学生，以上推荐的这些标准教材每一本都不必全部学完，可以根据自己的需求学完部分内容，或者学完主体内容就够了。